Georg Auernheimer

DER UKRAINEKONFLIKT **Wie Russlands Nachbarland zum Kriegsschauplatz wurde**

DER UKRAINE-KONFLIKT

Wie Russlands Nachbarland zum Kriegsschauplatz wurde

Georg Auernheimer

HINTERGRUND
DAS NACHRICHTENMAGAZIN
WISSEN KOMPAKT

In dieser Reihe bereits erschienen:
Matthias Rude: Die Grünen. Von der Protestpartei zum Kriegsakteur
Berlin, 2023, ISBN 978-3-910568-00-6

ISBN 978-3-910568-02-0

3. Auflage, 2023
www.hintergrund.de

Konzept und Satz: Buchgut, Berlin
Druck: Sowa Sp. z o.o.
Printed in EU

INHALT

Einleitung

Als der Einmarsch russischer Truppenverbände am 24. Februar 2022 begann, war die Empörung in Deutschland und anderen westlichen Ländern verständlich, aber auch unverhältnismäßig. Denn man hatte den NATO-Krieg gegen Jugoslawien vergessen. Damals haben eintausend Flugzeuge, darunter deutsche, ab 24. März 1999 zweieinhalb Monate lang Städte und Industrieanlagen bombardiert und nicht nur Infrastruktureinrichtungen und Industrieanlagen, sondern auch Kulturinstitutionen und Wohneinheiten zerstört oder beschädigt. Kein Zweifel, dass der Angriff Russlands gegen die Ukraine völkerrechtswidrig war. Aber auch der Angriff auf die Republik Jugoslawien war völkerrechtswidrig gewesen, ebenso wie 2003 der zweite Krieg gegen den Irak, den die USA gemeinsam mit Großbritannien durchführten. Ungeachtet dessen verkündete der Europaabgeordnete Manfred Weber (CSU) schon am Tage des russischen Einmarsches auf *Bild.de*: »Es ist eine neue Welt, in der wir leben.« Und der CDU-Chef Friedrich Merz meinte: »Dieses Land muss isoliert werden.«[1] Sie gaben damit die Linie vor für die weitere öffentliche Diskussion oder besser Informationskampagne. Bundeskanzler Olaf Scholz sollte bald danach von der »Zeitenwende« sprechen. Die Außenministerin Annalena Baerbock wollte Russland nicht nur isolieren, sondern sah ihre Aufgabe darin, Russland zu »ruinieren«. Auch der ukrainische Präsident Selenskyj prägte schon am ersten Kriegstag das Feindbild, das in der Folgezeit den öffentlichen Diskurs bestimmte: »Russland steht für das Böse.« Der manichäische Zug der Meinungsbildung, speziell auch die Dämonisierung des russischen Präsidenten, reduzierte die

1 Beide Zitate von Sabine Kebir 2022, S. 52 f.

Möglichkeit von Verhandlungen von vornherein auf Null. »Die von *Bild* am ersten Kriegstag geführte Informationskampagne enthielt schon den Fahrplan für die Politik«, so die Publizistin Sabine Kebir.[2]

Manichäismus, das heißt ein Weltbild, das nur das absolut Böse und das absolut Gute kennt, begann die Haltung der ganzen Gesellschaft – von der Regierung, den Politikern, den Journalisten, Kunstschaffenden bis zu vielen Pädagogen – zu bestimmen. Wer an die Vorgeschichte des Angriffs zu erinnern wagte, wurde als Putin-Versteher diskreditiert. Die 28 Intellektuellen und Künstler, die einen Tag nach dem ersten Beschluss des Bundestags, schwere Waffen an die Ukraine zu liefern, in einem offenen Brief an den Bundeskanzler appellierten, von weiteren Waffenlieferungen Abstand zu nehmen, sahen sich nicht nur massiver Kritik, sondern auch Schmährufen ausgesetzt.

Die öffentliche oder veröffentlichte Meinung wurde zunehmend doktrinär. Medial war insofern tatsächlich eine Zeitenwende zu verzeichnen. Das Gut-Böse-Schema verband sich mit Russophobie. Anfang April 2022 registrierte das Bundeskriminalamt bis zu 200 strafrechtlich relevante Angriffe gegen russischstämmige Bürger[3]. Ein Autokorso in Berlin sollte gegen deren Diskriminierung ein Zeichen setzen. Er wurde zum »Autokorso der Schande« erklärt und löste einen Shitstorm aus.[4] Verträge mit russischen Dirigenten, Musikern und Theaterleuten wurden gekündigt.

Die Empörung über den Angriffskrieg war mindestens teilweise deshalb verständlich, weil die meisten zum Beispiel nichts von den Angriffen der Ukraine auf Städte

2 Sabine Kebir 2022, S. 54.

3 *junge Welt*, 6.04.2022.

4 Siehe https://www.spiegel.de/panorama/gesellschaft/berlin-wie-es-zum-autokorso-der-schande-kam-a-533f7b3f-bd87-49e3-b648-713bb7d4a6b4

und Dörfer im Donbass seit 2014 wussten, nichts wissen konnten, weil die Medien darüber nie berichtet hatten. Der Anschluss der Krim an die Russische Föderation war zur Annexion erklärt worden, ohne dass jemals in Reportagen und Berichten die Interessenlage der dortigen Bevölkerung geprüft worden wäre. So war schon dies im allgemeinen Bewusstsein als aggressiver Akt gespeichert. Die Kündigung gemeinsamer Abrüstungsverträge seitens des Westens war den meisten entgangen.

Zur spontanen moralischen Empörung kam die strategische Kommunikation »von oben«. 150 PR-Agenturen weltweit hatten sich unter den Hashtags #weareukraine und #standforukraine zusammengeschlossen, um nur kontrollierte, ukrainefreundliche Nachrichten zu verbreiten.[5] Große Öffentlichkeitswirksamkeit entfaltete von Beginn an auch das Centre for Strategic Communication der Ukraine (Stratcom Centre UA).

Damit sollte der Rahmen verdeutlicht werden, innerhalb dessen wir den Versuch machen, den Krieg zu verstehen.[6]

Anmerkung: Das Manuskript wurde am 11. Dezember 2022 abgeschlossen. Eventuelle weitere Eskalationsstufen des Krieges in der Ukraine finden daher keine Berücksichtigung.

5 Friedrich Küppersbusch im Interview unter dem Titel »Andrij Melnyk ist das Krokodil«, in: *der Freitag* v. 30.6.22.

6 Zur medialen Kriegspropaganda: Sieker 2022.

Der geopolitische und geschichtliche Kontext

Unter Wissenschaftlern bezweifelt kaum jemand, dass es sich bei dem Krieg in der Ukraine um einen Stellvertreterkrieg handelt, das heißt um einen Krieg, bei dem auf dem Boden der Ukraine der Konflikt zwischen fremden Mächten ausgetragen wird. Seit 2014 wird häufig die Aussage von Zbigniew Brzezinksi, dem ehemaligen Sicherheitsberater von US-Präsident Jimmy Carter zitiert, die er 1997 in seinem Buch *The Grand Chessboard* formuliert hat: »Allein schon die Existenz einer unabhängigen Ukraine hilft, Russland zu verändern. Ohne die Ukraine hört Russland auf, ein eurasisches Imperium zu sein.«[7] Diese Aussage wurde gern von Journalisten als eine Prognose oder gar Prophezeiung gedeutet. Man wird sie aber eher als geopolitische These mit Empfehlungscharakter lesen müssen, wenn man den Kontext des Buches mit dem bezeichnenden Titel beachtet. Prüfen wir also die Interessen der USA und Russlands!

Kaum jemandem dürfte entgangen sein, dass die USA spätestens seit der Jahrtausendwende die Entwicklung der Ukraine interessiert verfolgt und auch gelenkt haben, ab 2014 mit Finanzhilfen und Waffenlieferungen.[8] Ein vordringliches Ziel der US-Politik ist oder war es, eine eventuelle eurasische Kooperation zwischen der Europäischen Union und Russland zu verhindern. Würden die EU-Staaten mit ihrem technologischen Know-how und Russland mit seinem Rohstoffreichtum zusammenarbeiten, könnte den USA ein weiterer Rivale entstehen, der die wirtschaftliche Vormachtstellung bedroht, so ihre

7 Siehe https://www.deutschlandfunk.de/zbigniew-brzezinski-rueckblick-in-die-konflikte-der-zukunft-100.html, Zugriff am 11.11.2022.

8 Rude 2014.

Befürchtung, die frühere Verträge zwischen Deutschland und Russland bzw. der Sowjetunion bestärkt haben mochten.[9] »Diese Doktrin [nämlich eine Kooperation zwischen Westeuropa und Russland unbedingt zu blockieren, G. A.] war bereits die Grundlage der US-Eindämmungsstrategie im Kalten Krieg 1.0, wie sie von dem damaligen Außenminister Dean Acheson (1949–1953) prominent vertreten wurde, später von Henry Kissinger (Außenminister im Vietnam-Krieg) und danach dem einflussreichsten Vordenker der US-Geopolitik, Zbigniew Brzeziński«.[10]

Zu diesem strategischen Imperativ kommt in jüngerer Zeit, seit das Fracking-Verfahren zur Förderung von Erdgas entdeckt worden ist und die USA fossile Energie im Überfluss haben, dass es galt, Russland als konkurrierenden Lieferanten für die EU auszuschalten. Die ständige Warnung vor der wirtschaftlichen Abhängigkeit der EU von Russland hat vermutlich insofern auch strategische Relevanz für die US-Administration, als eine solche Abhängigkeit die EU bei künftigen Auseinandersetzungen mit China zu einem unsicheren Kantonisten machen könnte.

Dass der eigentliche Rivale, der die Position der USA als Weltmacht bedrohen kann, inzwischen die Volksrepublik China ist, liegt klar auf der Hand. Für die militärische Konfrontation mit der VR China, welche die USA seit langem einkalkulieren, streben sie eine Arbeitsteilung an, bei der die NATO vorrangig für den atlantischen Raum und für das Containment der Russländischen Föderation zuständig sein soll, die USA im Bündnis mit Australien und Großbritannien (AUKUS) sowie mit Japan für den

9 Mit dem Vertrag von Rapallo normalisierte das Deutsche Reich 1922 seine Beziehungen zur Russischen Sozialistischen Föderativen Sowjetrepublik. Die Vereinbarung führte zu prosperierenden Wirtschaftsbeziehungen, von denen beide Seiten profitierten. Deutschland lieferte Industrieanlagen und Know-how, half bei der Erschließung der Erdölfelder bei Baku und vermarktete sowjetisches Öl in Deutschland, wodurch die Abhängigkeit von britischen und US-amerikanischen Ölkonzernen reduziert werden konnte.

10 Wahl 2022, S. 7.

pazifischen Raum und die Eindämmung der VR.[11] Denn ein Krieg mit China könnte selbst die Kräfte der militärischen Supermacht überdehnen .[12] Um die von den europäischen Partnerstaaten geforderte Erhöhung der Militärausgaben durchzusetzen und für die breite Bevölkerung plausibel zu machen, war der Angriff Russlands auf die Ukraine ein willkommener Anlass. Nicht dass man zu diesem Zweck den russischen Angriff provoziert hätte, aber man hat ihn mit der Osterweiterung der NATO, verbunden mit der Aufkündigung von Abrüstungsverträgen, bewusst in Kauf genommen.

Man muss hier an den Pentagon-Bericht mit dem Titel »Defense Policy Guidance 1992–1994« erinnern, in dem 1992 nach dem Zusammenbruch der Sowjetunion die sogenannte *strategy of predominance* (Strategie der Vorherrschaft) formuliert wurde. Verantwortlich zeichneten der spätere Vizeverteidigungsminister Paul Wolfowitz und I. Lewis Libby, später Stabschef und Berater von US-Vizepräsident Dick Cheney. »Die Leitlinien empfahlen, ›jede feindliche Macht daran zu hindern, Regionen unter ihre Kontrolle zu bringen, deren Ressourcen es ihr erlauben würden, den Status einer Großmacht zu erlangen‹. Etwaige ›Versuche der hochentwickelten Industrieländer, unsere Führungsrolle in Frage zu stellen oder die bestehende politische und wirtschaftliche Ordnung umzustürzen‹, seien ebenso zu unterlaufen wie der ›Aufstieg eines künftigen globalen Konkurrenten‹.«[13]

Es ging also den USA nach der Implosion der Sowjetunion darum, ihre nun unangefochtene Vormachtstellung gegen jede Bedrohung zu schützen. Eine Bedrohung der USA selbst war nach wie vor allein schon wegen der

11 Australien und Japan bilden zugleich zusammen mit Neuseeland und Südkorea die Asia Pacific Four (AP4), eine weitere Allianz gegen die VR China.

12 Kronauer 2022, S. 189.

13 Golub 2001, Zitate nach *New York Times* v. 08.03.1992.

geographischen Lage, nach zwei Seiten durch Ozeane abgesichert, nicht zu befürchten. Verhindert werden musste, dass neue Rivalen mit vergleichbarer ökonomischer und militärischer Stärke entstehen. Russland befand sich nach dem Systemwechsel Anfang der 1990er Jahre in einer chaotischen Lage, und China hatte noch nicht das ökonomische Potential wie heute entwickelt. Trotzdem schien Wachsamkeit geboten. Es galt, wirtschaftlich bedeutsame Räume, vor allem den Nahen Osten, mit dem Reichtum an fossiler Energie für die eigenen Interessen zu sichern und unfreundliche oder politisch unwägbare Regime auszuwechseln. Das erklärt die hohe Zahl an Militärinterventionen der USA in den ersten beiden Jahrzehnten nach 1991.[14]

Eine alternative Möglichkeit, den Aufstieg der VR China unter Kontrolle zu halten, wäre die Einbindung Russlands gewesen. Jelzin, der erste Präsident der Russländischen Föderation, hat stets Kooperationsbereitschaft gezeigt und sein Nachfolger Putin lange Zeit ebenfalls. Er hat nach eigener Aussage gegenüber Bill Clinton sogar einen Beitritt zur NATO ins Spiel gebracht.[15] Aber damit hätte man die Kooperation zwischen Westeuropa und Russland in Kauf nehmen müssen. Schon die Konferenz für Sicherheit und Zusammenarbeit in Europa (KSZE) war der US-Administration ein Dorn im Auge. So soll James Baker, US-Außenminister von 1989 bis 1992, intern erklärt haben: »Die KSZE ist die eigentliche Gefahr für die NATO«.[16] Denn die KSZE verpflichtete zur Wahrung der Sicherheitsinteressen aller Vertragsstaaten.

Es blieb daher nur die Eindämmung Russlands, verbunden mit dem naheliegenden Risiko, dass Russland die

14 Daten belegen, dass diese kurze Phase der Unipolarität diejenige war, in der es seit 1776 die meisten Militärinterventionen der USA gegeben hat (Gärtner, Heinz: *Geopolitische Konsquenzen des russischen Krieges in der Ukraine.* Paper Friedrich-Ebert-Stiftung 2022).

15 2015 im Interview mit Oliver Stone (Stone 2018, S. 59).

16 Eichner 2022.

Nähe zur VR China sucht, die sich selbst genötigt sah und sieht, sich trotz der Interessengegensätze in Zentralasien mit Russland zu verbünden.[17] Mit der Shanghai Cooperation Organisation (SCO) wurde die Zusammenarbeit besiegelt. Dabei sind beide Staaten in wirtschaftlicher Hinsicht ungleiche Partner. Aber der Wirtschaftskrieg des Westens und der militärische Druck lassen sie zusammenrücken.[18]

Ungeachtet dessen wurde die NATO-Osterweiterung seit Ende der 1990er Jahre kontinuierlich vorangetrieben. 1999 traten drei ehemalige Mitgliedsstaaten des Warschauer Pakts der NATO bei, nämlich Polen, Tschechien und Ungarn. 2004 folgten in einer zweiten Welle die baltischen Staaten, ehemals Sowjetrepubliken, sowie Bulgarien, Rumänien, Slowakei und Slowenien und von 2009 bis 2020 Albanien und drei Staaten aus dem früheren Jugoslawien. Die Ukraine erhielt zusammen mit Georgien 2008 die Zusage der baldigen Mitgliedschaft durch Aufnahme in den Membership Action Plan (MAP). Damit drohte Russland eine Umklammerung von Süden und Westen. Der damalige US-Botschafter in der Ukraine, William J. Burns, warnte seine Administration in einer persönlichen Mail an die Außenministerin Condoleezza Rice: »Der Beitritt der Ukraine zur NATO ist für die russische Elite (nicht nur für Putin) die eindeutigste aller roten Linien. [...] Das Russland von heute wird darauf reagieren. Die russisch-ukrainischen Beziehungen werden in eine tiefe Krise geraten ... die einen fruchtbaren Boden für russische Einmischungen auf der Krim und in der Ostukraine schaffen wird.«[19] Regelmäßige Konsultationen zwischen der NATO und der Ukraine gab es allerdings schon seit den 1990er Jahren.

17 Kronauer 2022, S. 181.

18 Kronauer 2022, S. 183 f.

19 William J. Burns (2019) in den Erinnerungen an seine diplomatische Laufbahn, Kap. 6., S. 232 f., Übersetzung Regine Naeckel.

2002 traten die USA außerdem unter George W. Bush vom ABM-Vertrag zur Kontrolle der beidseitigen Raketenabwehrsysteme zurück. Der Vertrag hatte Bedrohungen reduziert, indem er die Verwundbarkeit auf beiden Seiten erhöht hatte.[20] 2018 kündigte Präsident Donald Trump auch den INF-Vertrag über den Abbau von Mittelstreckenraketen mit nuklearen Sprengköpfen.[21]

Vor dem Hintergrund dieser Entwicklungen wird verständlich, dass die politische Klasse in Russland die NATO unter Führung der USA als eine feindliche und bedrohliche Macht wahrnehmen musste, für die die Sicherheitsinteressen Russlands belanglos sind. Noch verständlicher wird dies, wenn man den Blick auf die militärische Überlegenheit der USA richtet. Sie unterhalten 120 Militärstützpunkte über die ganze Welt verteilt. Die Militärausgaben sind unvergleichlich hoch, die mit Abstand höchsten weltweit. 2021 betrugen sie 800,7 Milliarden US-Dollar, die der VR China lagen bei 293,4 Milliarden und die Russlands bei bescheidenen 65,9 Milliarden.[22] Beim Bedrohungsszenario für Russland ist noch das militärische Potential der anderen NATO-Staaten in Anschlag zu bringen. Deren Militärausgaben liegen bisher bei 340 Mrd. Dollar.

Die USA können sich die Militärausgaben in astronomischer Höhe aufgrund der Rolle des US-Dollars als Weltwährung leisten. Auch die Finanzinstitute und die digitalen Konzerne sichern noch die ökonomische Macht der USA. Aber: »Gemessen am Marktwert des Dollars ist der Anteil der USA an der Weltwirtschaft von 30 Prozent im Jahr

20 Präsident Bush argumentierte, die Bedrohung komme inzwischen eher von Drittstaaten. Putins Vorschlag, ein gemeinsames Raketenabwehrsystem zu vereinbaren, stieß auf taube Ohren (Stone 2018, S. 61 u. 110).

21 Im INF-Vertrag wurde festgelegt, dass beide Seiten weltweit sowohl ihre boden-/landgestützten Nuklearraketen mit kürzerer (500–1000 km) und mittlerer Reichweite (1000–5500 km) als auch deren Abschussvorrichtungen und Infrastruktur innerhalb von 3 Jahren vernichten und keine neuen herstellen (https://de.wikipedia.org/wiki/INF-Vertrag, Zugriff am 15.11.22).

22 *Atlas der Globalisierung* 2022, S. 32 f.

 2000 auf 25 Prozent im Jahr 2020 gesunken. Im gleichen Zeitraum stieg der Anteil Chinas an der Weltwirtschaft von 4 auf 17 Prozent (Weltbank 2022). Es wird allgemein erwartet, dass China die USA in den nächsten Jahren als weltweit größte Volkswirtschaft ablösen wird.«[23] Dies trägt nicht zur Entspannung bei, sondern verstärkt die Aggressivität der US-Außenpolitik.

Im Blick auf die militärischen Kräfteverhältnisse ist es glaubhaft, dass die russische Regierung dem Westen wiederholt einen Dialog angeboten hat, wie Wladimir Putin 2017 Oliver Stone im Interview versicherte.[24] Schon 2007 auf der Münchner Sicherheitskonferenz versuchte Putin seinen Gesprächspartnern klar zu machen, dass Russlands Bestreben auf eine gemeinsame Sicherheitsarchitektur gerichtet sei. Seine Rede bestand damals einerseits aus Anklagen wegen wenig vertrauensbildender Maßnahmen der NATO-Staaten, zeigte aber zugleich noch das Werben um Verständigung. Er warnte vor der Aufstellung des damals geplanten Raketenabwehrsystems in Osteuropa, machte darauf aufmerksam, dass der Vertrag über konventionelle Streitkräfte in Europa (KSE) von den NATO-Staaten nach Jahren noch nicht ratifiziert sei,[25] fragte nach dem Zweck der damaligen Stationierung von Truppenkontingenten in Rumänien und machte deutlich, dass die Erweiterung der NATO, wenn nicht einen Vertragsbruch, so jedenfalls einen Vertrauensbruch darstelle und für Russland einen provozierenden Charakter habe. Aber er hatte am Anfang auch bedauernd auf »Schablonen des Blockdenkens« als Überbleibsel des Kalten Kriegs aufmerksam gemacht.[26]

23 Li 2022.

24 Stone 2018, S. 328.

25 Kurze Zeit später, Ende 2007, setzte Russland in Reaktion auf Truppenstationierungen in osteuropäischen Nachbarstaaten seine vertraglichen Verpflichtungen aus. 2015 kündigte Russland den KSE-Vertrag.

26 Siehe http://www.ag-friedensforschung.de/themen/Sicherheitskonferenz/2007-putin-dt.html, Zugriff am 16.11.22.

So auch seine beschwörenden Worte 2016 im Interview mit Oliver Stone: »Und als Allererstes müssen wir die Blockmentalität hinter uns lassen« (S. 211). Er bedauert dort, dass 2014 die Zusammenarbeit im Rahmen des NATO-Russland-Rats von der NATO beendet wurde (S. 210). Putins Einschätzungen in den Gesprächen mit Stone wirken teilweise resignativ. Er verweist auf die Bedrohung durch das zwischenzeitlich in Rumänien installierte Raketenabwehrsystem, das leicht in ein Angriffssystem umzurüsten sei (S. 64).[27] Er erinnert daran, dass die NATO im Vorjahr (2015) siebzig Manöver nahe der russischen Grenze durchgeführt habe (S. 209). Er beklagt, dass dauernd NATO-Flugzeuge ohne Transponder über der Ostsee unterwegs seien, so dass man die Maschinen nicht identifizieren und orten könne, was militärisch eine unsichere Lage schafft (S. 327). Er führt auf, welche nach dem Minsker Protokoll getroffenen Vereinbarungen die Kiewer Regierung nach zwei Jahren nicht erfüllt hat (S. 214 f.).

Russland hatte spätestens ab dem ersten Jahrzehnt wirklich Grund zur Besorgnis. Die NATO rückte nicht nur bis an die russische Grenze heran. Es wurden auch permanent große Manöver mit schweren Waffen durchgeführt, zum Beispiel 2017 in Estland, knappe fünf Panzerstunden von St. Petersburg entfernt.[28] Jährlich hält die NATO 300 Manöver ab.[29] Bei dem größten NATO-Manöver in Europa seit dem Ende des Kalten Krieges mit der Bezeichnung Defender-Europe 2021 führten 28.000 Soldaten aus 26 Staaten über die Dauer von zwei Monaten Luftlandeoperationen etc. durch. Schon im Jahr 2020 war ein solches Großmanöver veranstaltet worden. Auch die Stationierung von Truppen in den baltischen Staaten und in Polen hat die NATO kontinuierlich ausgebaut (ebd.).

27 2018 wurde eine solches System auch in Polen installiert.

28 Siehe https://www.infosperber.ch/medien/trends/auch-russland-hat-guten-grund-sich-bedroht-zu-fuehlen

29 Henken 2022, S. 110.

Die militärische Eskalation wurde ab 2014 seitens der USA und der EU von einem Wirtschaftskrieg begleitet, der Schritt um Schritt verschärft wurde. Erst zwei Jahre vorher war die Russländische Föderation in die Welthandelsorganisation aufgenommen worden. Und schon wurde ihre Teilnahme am sogenannten freien Weltmarkt wieder eingeschränkt.[30] Noch 2007 hatte Putin auf der Münchner Sicherheitskonferenz die Teilnehmer stolz darauf verwiesen: »Wie Sie wissen, ist der Prozess der Einbindung Russlands in die WTO in der Endphase.« Schon während der Maidan-Proteste um die Jahreswende 2013/14 verboten die USA 17 russischen Unternehmen jede Geschäftstätigkeit in den USA. Die EU, Kanada und Australien zogen nach. Am 5. März 2014, nach den Protesten gegen den Putsch in der Ukraine, aber noch vor dem Krim-Referendum, legten Washington und Brüssel Listen von Personen aus Politik und Wirtschaft auf, deren Vermögenswerte beschlagnahmt wurden.[31] Am 31. Juli 2014 verhängte die EU-Kommission ein selektives Wirtschaftsembargo gegen die Russländische Föderation, das Handelsverbote und Einschränkungen im Finanzsektor und im Zahlungsverkehr beinhaltet. Rund die Hälfte der internationalen Reserven der russländischen Zentralbank im Wert von etwa 300 Milliarden Euro wurden eingefroren, faktisch also beschlagnahmt.[32] Die Maßnahmen werden behördlich überwacht. Im Bankensektor sind alle maßgeblichen russischen Banken betroffen (ebd.). Und schließlich, im Frühjahr 2022, äußerte sich US-Präsident Biden zuversichtlich, dass man den Wohlstand Russlands halbieren werde.[33]

30 Der Kalte Krieg war von Anfang an auch ein Wirtschaftskrieg gegen die Sowjetunion mit vielfältigen Ausfuhr- und Einfuhrbeschränkungen gewesen (Hofbauer 2022).

31 Hofbauer 2022, S. 56 f.

32 Hélène Richard in *LMd* Nov. 2022, S. 9.

33 Am 26. 3. 2022 äußerte sich Biden in Warschau zuversichtlich, dass das erreicht werden könne. Hélène Richard: *Der Preis der Sanktionen.* In: *LMd* November 2022, S. 9.

Schon das Ende der Sowjetunion war durch einen von den USA geführten Wirtschaftskrieg herbeigeführt oder beschleunigt worden (Hofbauer 2022). Er bestand aus einem jahrzehntelangen Embargo für Tausende Warengattungen. Das Preisdumping für Öl in den 1980er Jahren spitzte zusammen mit der erzwungenen Überrüstung die Situation so zu, dass keine Zeit mehr für Strukturreformen blieb. Ergebnis war die Implosion.

Nur geschichtsvergessene Politiker konnten die im kollektiven Gedächtnis Russlands gespeicherten Kriegserfahrungen außer acht lassen, die eine erhöhte Wachsamkeit gegenüber militärischer Bedrohung verständlich machen. Zur Erinnerung: 1812 griff Napoleon mit einer für damalige Maßstäbe riesigen Armee Russland an. Seine Soldaten plünderten und brandschatzten auf dem Weg von Ostpreußen nach Moskau und in Moskau selbst. Die Stadt geriet in Brand. Die Armee hinterließ eine Spur der Verwüstung. Der Krieg kostete Hunderttausende das Leben. Dem Angriff war übrigens ein Handelskrieg von Seiten Frankreichs vorausgegangen. Weitaus verheerender war der Vernichtungsfeldzug der deutschen Wehrmacht, der 1941 mit dem Überfall auf die Sowjetunion begann. Opfer der Verwüstungen, Massenmorde und Deportationen waren zwar vor allem die Bewohner Weißrusslands und der Ukraine, aber die Rote Armee bezahlte ihren Sieg mit sechs bis über zehn Millionen Toten, die Verletzten und Traumatisierten nicht gerechnet.[34] Die deutsche Wehrmacht hatte 1.710 Städte, circa 70.000 Dörfer und rund 32.000 Industriebetriebe zerstört. Tausende Krankenhäuser und Schulen mussten wieder aufgebaut werden. Aber die »strategische Tiefe« hatte es Russland in beiden Fällen ermöglicht, das Kernland vor der Verwüstung zu

34 Sokolov kommt 2010 in einem Aufsatz auf Verluste von über 30 Millionen durch Tod, Verwundung, Krankheit, Unfälle, Invalidität. Aber er rechnet auch Kriegsgefangenschaft mit ein. Siehe https://www.stsg.de/cms/sites/default/files/dateien/texte/Sokolov_de.pdf

 bewahren. Der Verlust des ›Glacis‹ durch die Auflösung des Warschauer Pakts und der Sowjetunion beraubte Russland jener strategischen Tiefe.[35]

Im Dezember 2021 unternahm Moskau noch einmal einen Versuch, die Bedrohungslage durch vertragliche Vereinbarungen zu entspannen und sandte Depeschen an die Adresse der USA und der NATO. Sie enthielten fünf Kernforderungen: keine weitergehende Erweiterung der NATO nach Osten, Rückbau der NATO-Präsenz auf den Stand der NATO-Russland-Grundakte von 1997, eine Truppenreduzierung beiderseits der Grenze in einer gemeinsam festzulegenden Breite, beiderseits keine grenznahe Stationierung von Kurz- und Mittelstreckenraketen, keine Stationierung von Atomwaffen. Die Forderungen lösten eine rege diplomatische Kontaktaufnahme aus, sowohl zwischen den USA und Russland als auch zwischen der EU und Russland.[36] Es gab Anzeichen für eine Deeskalation. Aber die Gespräche mit den beiden teilweise konkurrierenden Verhandlungspartnern beruhigten Russland offenbar nicht, zumal in einem Antwortschreiben der NATO-Zentrale die Befürchtungen nicht ernst genommen wurden.[37] Am 17. Februar bestand Moskau in einem Schreiben noch einmal darauf: »Ohne die Bereitschaft der US-Seite, über feste, juristisch verpflichtende Garantien unserer Sicherheit seitens der USA und ihrer Verbündeten zu verhandeln, wird Russland reagieren müssen, insbesondere indem es militärtechnische Maßnahmen ergreifen könnte.«[38] Mit Manövern an der Grenze zur Ukraine übte die russische Führung schon seit Dezember 2021 Druck aus.

Zu den allgemeinen Befürchtungen wegen der NATO-Osterweiterung und der Kündigung von Verträgen kam

35 Kronauer 2022, S. 19.
36 Ebd., S. 46 ff.
37 Henken 2022, S. 113 f.
38 Zit. nach Henken 2022, S. 114.

eine rüstungstechnische Innovation der USA, die Hyperschall-Rakete Dark Eagle. Putin dazu noch am 21. Februar 2022 ins seiner Rede an die Nation: »Die Flugzeit von Marschflugkörpern ›Tomahawk‹ nach Moskau beträgt weniger als 35 Minuten, für ballistische Raketen aus dem Raum Charkow 7 bis 8 Minuten und für die Hyperschall-Schlagmittel 4 bis 5 Minuten. Das bezeichnet man als ›das Messer am Hals‹.«[39]

Am 19. Februar 2022, fünf Tage vor dem Angriff Russlands auf die Ukraine, hatte Selenskyj auf der Münchner Sicherheitskonferenz den im Budapester Memorandum vereinbarten Verzicht der Ukraine auf Nuklearwaffen infrage gestellt. 1994 hatte die Ukraine im Rahmen einer KSZE-Konferenz in Budapest der Entfernung aller sowjetischen Atomwaffen aus ihrem Territorium zugestimmt und dafür Sicherheitsgarantien erhalten. Selenskyj meinte nun: »Seit 2014 hat die Ukraine dreimal versucht, die Garantiestaaten zu Konsultationen des Budapester Memorandums einzuberufen. Dreimal ohne Erfolg [...] Wenn wieder nichts geschieht oder die Resultate keine Sicherheit für unser Land garantieren, wird die Ukraine jedes Recht haben zu glauben, dass das Budapester Memorandum unwirksam ist und alle darin enthaltenen Bestimmungen von 1994 infrage gestellt sind.«[40] Das war vermutlich ein Alarmsignal für die russische Führung.

Zusammen mit der innenpolitischen Entwicklung der Ukraine seit 2014, wenn nicht schon seit 2004, wurde dies vermutlich zum Auslöser der Invasion. Am 24. März 2021 hatte Selenskyi per Präsidialdekret die Rückeroberung

39 Ebd. S. 118

40 Eigene freie Übersetzung. Engl. »If they [the consultations, G.A.] do not happen again or their results do not guarantee security for our country, Ukraine will have every right to believe that the Budapest Memorandum is not working and all the package decisions of 1994 are in doubt. Siehe https://www.bpb.de/themen/europa/ukraine-analysen/nr-262/346833/dokumentation-rede-des-ukrainischen-praesidenten-wolodymyr-selenskyj-auf-der-58-muenchener-sicherheitskonferenz-19-02-2022-muenchen

 der Krim angeordnet.[41] Dass die ukrainische Führung die rechtliche Anerkennung des Referendums verweigerte, ist verständlich. Aber sie verweigerte damit auch die Anerkennung der politischen Realität und wurde dadurch unberechenbar. Am 21. Februar 2022 erkannte die russische Führung die beiden Volksrepubliken Lugansk und Donezk an.

41 Siehe https://telegra.ph/DEKRET-DES-PR%C3%84SIDENTEN-DER-UKRAINE-07-23, abgerufen am 7.12.22.

Die Orange Revolution, der Putsch und die Antiterroristische Operation

Wegen des Vorwurfs von Wahlfälschungen – vorherige Wählerbefragungen spielten dabei eine Rolle – strömten Ende November 2004 einhunderttausend Protestierende auf den Maidan. Der Wahlbehörde wurde Wahlbetrug zugunsten von Wiktor Janukowytsch, dem russlandfreundlichen Kandidaten vorgeworfen. Der Protest wurde wie bei der vorhergehenden »Farbrevolution« in Georgien von einer Organisation meist studentischer Aktivisten angeheizt, unterstützt von der Konrad-Adenauer-Stiftung und den Open Society Foundations von George Soros. Schließlich wurde der Wahlsieg von Janukowytsch offiziell bestätigt. Der Verlierer Wiktor Juschtschenko rief danach zum Generalstreik und zu Sitzblockaden auf. Nach Überprüfung der Wahlergebnisse beruhigte sich die Lage aber bald. Die Verwaltung von Lwiw (Lemberg) wollte die Wahl jedoch länger nicht anerkennen. Dagegen hatte Janukowytsch in der Ostukraine besonders hohe Zustimmungswerte. Die Auseinandersetzungen verdeutlichen die unterschiedlichen politischen Trends in der West- und Ostukraine, dort die Zuwendung zu Westeuropa, hier zu Russland.

Um diese stark geographisch ausgerichtete Spaltung zu verstehen ist ein Blick auf die Geschichte hilfreich. Die historischen Erfahrungen des heutigen Staatsvolks der Ukraine sind sehr unterschiedlich, wenn man an das Leben unter der Zarenherrschaft, als Minderheit in der Republik Polen oder in der K.-u.-k.-Monarchie Österreich-Ungarn denkt, oder an das Leben in der ländlichen Bukowina einerseits und im Industriegürtel des Donbass andererseits. Dort hatten die Kohle- und Erzlagerstätten schon gegen Ende des 19. Jahrhunderts eine stürmische Industrialisierung veranlasst, die Arbeiter aus dem ganzen Zarenreich anzog, so dass sich dort eine Arbeiterklasse formierte. Selbst der Historiker Serhii Plokhy, dessen Erkenntnisinteresse es ist, geschichtliche Gründe für die nationale Identität der Ukrainer zu liefern, meint, selbst schon die Aufteilung der Gebiete zwischen Polen-Litauen und dem Zarenreich im 17. Jahrhundert habe »tiefgreifende Auswirkungen auf die ukrainische Identität und Kultur« gehabt.[42]

Gemeinsame, noch im kollektiven Gedächtnis lebendige Erfahrungen haben die Ukrainer lediglich in den sieben Jahrzehnten zwischen 1919 und 1991 als Bürger der Ukrainischen Sozialistischen Sowjetrepublik gemacht, einschließlich der schrecklichen Erfahrungen mit der deutschen Invasion, gefolgt von Zerstörungen, Massenmorden und Deportationen. In der Zwischenkriegszeit waren Ukrainer teilweise Bürger der Zweiten Polnischen Republik, deren Territorium damals Lemberg einschloss, zum Teil auch Bürger Rumäniens und der Tschechoslowakei.[43] Ukrainer, die vorher Bürger Österreich-Ungarns gewesen waren, bildeten nämlich ab 1918 eine Minderheit in jenen Staaten, wo sie, anders als in der Ukrainischen Sowjetrepublik, einer starken Assimilierungspolitik ausgesetzt waren (ebd.). Auch die Wirtschaftsgeschichte kann, wie schon angedeutet, unterschiedliche Mentalitäten und Zuordnungen erklären. Die schon im Zarenreich in Gang gesetzte und dann in der Sowjetrepublik vorangetriebene Industrialisierung konzentrierte sich im Osten und Süden des Landes. Die Kohlevorkommen im Donbass legten die Ansiedlung von Stahlwerken und anderer Schwerindustrie nahe. Die sich ausweitenden Industriestädte bildeten mit der Zeit urbane Konglomerate. Im Süden bot sich die Nutzung der Wasserkraft des Dnipro an, die nach der Errichtung eines

42 Plokhy 2022, S. 181.
43 Ebd. S. 342 ff.

Stauwerks zur Energiegewinnung genutzt wurde, was auch dort die Industrialisierung ermöglichte. Eine besondere urbane Kultur mit sprachlicher Vielfalt entwickelte sich in den Hafenstädten Odessa und Mariupol. Dagegen blieben weite Teile der Ukraine agrarisch geprägt.

Wenn man die Geschehnisse ab der Orangen Revolution verfolgt, dann drängt sich nicht nur der Eindruck auf, dass die historisch bedingten Unterschiede, wenn nicht Gegensätze die politische Orientierung beeinflussten, sondern sogar der Verdacht auf, dass sie von außen instrumentalisiert wurden.

Sehr aufschlussreich ist eine vom ehemaligen Generalinspekteur der Bundeswehr, Dieter Wellershoff, herausgegebene Veröffentlichung aus 1993, die Ergebnisse des *Seminars der Bundesakademie für Sicherheitspolitik* zu geopolitischen Fragen dokumentiert. Dort ist u. a. Folgendes zu lesen: »Ein vorrangiges Problem ist, daß sich die Staatswerdung der Ukraine zwangsläufig aufgrund der historischen Entwicklung *in einer strikten Abgrenzung* zu Rußland vollziehen muß. Die nationale Emanzipation verlangt die Zerstörung der alten Bindungen zu Rußland und die Beseitigung des in allen gesellschaftlichen Bereichen noch wirksamen russisch-sowjetischen Einflusses. Diese *Destruktion* müßte Hand in Hand gehen mit einem konstruktiven gesellschaftlichen Aufbau, um die Systemtransformation zu erreichen.«[44]

Im November 2013 begannen die Proteste auf dem Maidan, die sich zum Aufstand entwickelten. Anlass war, dass der Präsident zögerte, das bereits ausgehandelte Assoziierungsabkommen mit der EU zu unterzeichnen. Obwohl er eine spätere Unterzeichnung ausdrücklich nicht ausschloss, forderte Arsenij Jazenjuk von der

44 Dieter Wellersdorf (Hrsg.) (1993): *Herausforderungen und Risiken. Deutschlands Sicherheit in der veränderten Welt.* Berlin/Bonn/Herford.

 rechten Oppositionspartei Swoboda sogleich forsch seine Amtsenthebung und Neuwahlen.

Die Kehrtwende von Janukowytsch wurde im Westen mit Druck aus Moskau erklärt. Verständlich wird sie aber, wenn man die bis dahin enge wirtschaftliche Verflechtung der Ukraine mit Russland berücksichtigt. Die Schwerindustrie in der Ukraine, speziell auch die Rüstungsindustrie, war ein Erbe der Sowjetzeit. Maschinen, Fahrzeuge und Flugzeuge waren sowjetischer Bauart nach sowjetischen Standards. Und »kaum ein ukrainischer Betrieb hätte den Zugang zum EU-Markt nutzen können«.[45] Sowjetischer Bauart waren auch die Atomkraftwerke, die im Übrigen noch bis zur russischen Invasion an das russische und belarusische Stromnetz angeschlossen waren. Die Brennelemente bezog man von russischen Energiekonzernen. Die Anpassung der Uranstäbe aus westlicher Quelle an die sowjetische Technik erweist sich heute als schwierig.[46] Janukowytsch und seinen Beratern war wohl klar: Für Industriegüter wie Maschinen fanden ukrainische Unternehmen fast nur in Russland einen Markt. Lediglich für Agrarprodukte waren gute Absatzmöglichkeiten in der EU zu erwarten. Janukowytsch befürchtete außerdem, dass die Ukraine nach einer Assoziation mit der EU nicht mehr so günstige Konditionen für russische Erdgaslieferungen bekäme.

In Teilen der ukrainischen Bevölkerung hatte das geplante Assoziierungsabkommen die Erwartung auf einen baldigen EU-Beitritt und einen erhöhten Lebensstandard geweckt, und zwar vor allem in der Westukraine, wo die Enttäuschung und Empörung über den Rückzug von Janukowytsch besonders groß war. Noch 2016 befürworteten in der Ostukraine nur 45 Prozent die Assoziierung,

45 Hofbauer 2014b, S. 50.
46 Marc Endeweld: *Umkämpfte Reaktoren*. In: *LMd* Oktober 2022, S. 6.

im Westen des Landes dagegen bis zu 80 Prozent.[47] Das Abkommen sah lediglich die Öffnung des ukrainischen Marktes für westeuropäische Waren, dagegen sogar Exportbeschränkungen für ukrainische Agrarprodukte vor. Aber wer sollte das wissen? Auch durch Korruptionsvorwürfe gegenüber Janukowytsch wurden die Proteste genährt. Die Bürger hatten die allgemeine Korruption satt. Rechte Gruppierungen, namentlich der Rechte Sektor, setzten sich an die Spitze der Proteste und transformierten sie in einen gewalttätigen Aufstand. Nachweislich flossen wie bei der Orangen Revolution wieder Gelder aus dem Ausland, speziell aus den USA.[48] Im Dezember 2013 suchte Victoria Nuland, stellvertretende US-Außenministerin für europäische und eurasische Angelegenheiten, den Maidan auf und verteilte dort Kekse. Auf einer Pressekonferenz am 13. Dezember 2013 prahlte sie damit, dass die Vereinigten Staaten 5 Milliarden Dollar ausgegeben hätten, um einen Regime Change und die Annäherung der Ukraine an die EU zu befördern.[49] Auch US-Senator John McCain sprach im Dezember zu den Demonstranten auf dem Maidan. Aufständische besetzten 14 Gebäude von staatlichen Stellen, Parteien und Gewerkschaften.[50] Im Februar stürmten straff organisierte Banden im Westen des Landes Gebietsverwaltungen und Dienststellen der Polizei.[51] Militante unter Führung des Rechten Sektors versuchten, das Parlamentsgebäude zu stürmen. Bei einem Schusswechsel gab es Tote auf beiden Seiten. Der Aufstand eskalierte immer mehr bis zu den Schüssen am 20. Februar 2014, tödlich für 48 Protestierende, aber

47 Siehe https://euromaidanpress.com/wp-content/uploads/2016/04/Info-2-1.jpg, Zugriff am 5.12.22.

48 Rude 2014.

49 Siehe https://www.wsws.org/de/articles/2022/03/17/pers-m17.html und https://www.nachdenkseiten.de/?p=20855, Zugriff am 17.11.2022.

50 Heyden 2022, S. 328.

51 Projanski, Harald, *Nicht dialog-, nicht friedenswillig*. In: *junge Welt* v. 19./20.03.22, S. 12/13.

 auch für mehrere Polizisten. 150 Menschen wurden verwundet. Bis heute ist ungeklärt, wer von wo geschossen hat. Das Massaker wurde aber sofort der Berkut, einer inzwischen aufgelösten Spezialeinheit der ukrainische Miliz und damit dem Staatschef angelastet. Die Räume der Administration wurden verwüstet. Janukowytsch setzte sich in den Osten des Landes nach Charkow ab. Daraufhin stimmte das Parlament unter dem Druck der Straße über seine Absetzung ab, verfehlte aber ohne die von der Verfassung vorgeschriebene Dreiviertelmehrheit das von den Aufständischen gewünschte Ziel. Dessen ungeachtet bildete man eine Übergangsregierung unter Führung von Jazenjuk. Ihn hatte Victoria Nuland vorher schon in einem Aufsehen erregenden Telefonat mit dem US-Botschafter in der Ukraine als Favoriten der US-Administration bezeichnet.[52] Mit dem Staatsstreich waren die Weichen in Richtung Anbindung an EU und NATO gestellt.[53]

Auf den verfassungswidrigen Umsturz hin versammelten sich in Sewastopol auf der Krim Zehntausende unter russischen Fahnen. Am 16. März ließ die Verwaltung der Krim ein Referendum über den künftigen Status des Staatsgebiets abhalten. Über 95 Prozent stimmten für den Beitritt zu Russland.[54] In der Ostukraine forderten Zehntausende eine Referendum für eine Föderalisierung der Ukraine. Am 7. April riefen Aktivisten die »Donezker Volksrepublik« aus. Am 12. April besuchte der CIA-Direktor John Brennan Kiew. Einen Tag später rief die ukrainische Übergangsregierung unter Jazenjuk zusammen mit dem Übergangspräsidenten Turtschinow alle bewaffneten Kräfte zur »antiterroristischen Operation« auf. Der Ende Mai 2014 zum Präsidenten gewählte Oligarch Petro Poroschenko ordnete im Juli eine Offensive der Armee

52 Das Telefonat war geleakt worden. Aufsehen erregte es wegen des »Fuck the EU«.

53 Kronauer 2022, S. 20.

54 Schon 1994 hatte es Sezessionsbestrebungen des Regionalparlaments der Krim gegeben.

zur Rückeroberung der abfälligen Donbass-Oblaste an. Schon seit Anfang Mai war die Stadt Slawjansk wochenlang mit Artillerie beschossen worden. Im Dezember 2014 verhängte Poroschenko einen vollständigen wirtschaftlichen und finanziellen Boykott gegen die selbsternannten »Volksrepubliken«.

Das widersprach den kurz vorher im September 2014 im belarusischen Minsk getroffenen Vereinbarungen mit Russland unter Federführung der OSZE (Minsk I). Anlass für die Verhandlungen dieser »trilateralen Kontaktgruppe« war die prekäre Situation der ukrainischen Armee, weil Teile ihrer Truppen von Aufständischen eingekesselt waren. Gemäß dem Protokoll sollte ein Programm des wirtschaftlichen Wiederaufbaus des Donbass zur Wiederherstellung der Lebensfunktionen der Region beschlossen werden. Der vereinbarte Waffenstillstand wurde nicht eingehalten. Im Protokoll war ein Gesetz über den Sonderstatus der östlichen Oblaste in Aussicht gestellt worden. Die ukrainische Regierung unternahm aber keine ernsthaften Anstrengungen in Richtung Föderalisierung oder Dezentralisierung.

Anfang 2015 gelang den Bataillonen der Aufständischen wieder die Einkesselung ukrainischer Truppen, diesmal in Debalzewo.[55] Im Februar 2015 sprangen der französische Präsident François Hollande und die deutsche Kanzlerin Angela Merkel der Ukraine bei, um in einem zweiten Anlauf mit dem ukrainischen und dem russischen Präsidenten ein Abkommen zur Beilegung des Konflikts zu erzielen. Auch die Vertreter der Volksrepubliken wurden einbezogen. Die Vereinbarungen von Minsk I wurden bekräftigt. Zur Dezentralisierung unter Wahrung der territorialen Integrität der Ukraine sollte eine Verfassungsreform

55 Der Journalist Ulrich Heyden spricht von »zwei katastrophalen Niederlagen der ukrainischen Armee (2022, S. 93).

 durchgeführt werden (Minsk II). Schon einen Tag nach der Unterzeichnung erklärte die ukrainische Regierung, sie halte sich nicht für an das Abkommen gebunden, weil die Kampfgruppen aus Donezk die Waffenruhe in Debalzewo[56] gebrochen hätten. OSZE-Beobachter konnten das nicht überprüfen. Aber selbst wenn es zu Schießereien seitens der »Separatisten« in der seit Wochen umkämpften Stadt (25.000 Einwohner) gekommen sein sollte,[57] diente das vermutlich der Regierung Jazenjuk nur als willkommener Vorwand zum Bruch des Abkommens.

Im Dezember 2022 räumte die ehemalige Bundeskanzlerin Angela Merkel in einem Interview mit der *Zeit* ein, dass die Minsker Abkommen eine Finte gewesen seien, um der Ukraine Zeit zur Konsolidierung und zur Modernisierung und Aufrüstung ihrer Armee zu geben. Merkel wörtlich: »Und das Minsker Abkommen 2014 war der Versuch, der Ukraine Zeit zu geben.« Sie bezweifle sehr, »dass die NATO-Staaten damals so viel hätten tun können wie heute, um der Ukraine zu helfen«. Das Land habe die Zeit »auch genutzt, um stärker zu werden, wie man heute sieht. Die Ukraine von 2014/15 ist nicht die Ukraine von heute. Wie man am Kampf um Debalzewe Anfang 2015 gesehen hat, hätte Putin sie damals leicht überrennen können«.[58]

Das Vertrauen der »Separatisten« in die Aufrichtigkeit der ukrainischen Regierung unter Jazenjuk war offenbar zu Recht gering. Seine Erklärung nach Abschluss der Vereinbarungen ließ erkennen, dass er wenig von einem

56 Debalzewo ist die russische Schreibweise der Stadt im Oblast Donezk, die im (s. u.) Interview mit Angela Merkel benutzte Schreibweise der *Zeit*, Debalzewe, entspricht der Transliteration aus dem Ukrainischen.

57 Ulrich Heyden hielt sich am 2. Juni 2015 in der Stadt auf, wo ihm Bewohner erzählten: »Über ein halbes Jahr saßen wir in unseren Kellern.« 80 Prozent der Gebäude waren beschädigt oder zerstört (2022, S. 291).

58 *Die Zeit*, Nr. 51/2022, S. 1. Titelstory Merkel-Interview: »Auch wir hätten schneller auf die Aggressivität Russlands reagieren müssen«, online: https://www.zeit.de/2022/51/angela-merkel-russland-fluechtlingskrise-bundeskanzler/komplettansicht abgerufen: 10.12.2022.

Sonderstatus der östlichen Oblaste hielt, was der Programmatik seiner Partei, der nationalistischen Swoboda entsprach. Deren Kurs reduzierte die Chancen für einen Dialog, wie in Minsk I und II gefordert, auf Null. Bis zum Frühjahr 2020 wurden beiderseits insgesamt 21 Waffenstillstandsvereinbarungen gebrochen.[59]

Die Menschen in der Ukraine auf beiden Seiten der Demarkationslinie wurden den Krieg satt. Im April 2019 fanden wieder Präsidentschaftswahlen statt. »Die Wahlen in der Ukraine standen unter dem Eindruck der sich nur langsam erholenden wirtschaftlichen Lage und des andauernden Krieges im Osten des Landes. Dieser wurde in einer Umfrage vor der Wahl von 49 Prozent der Befragten – noch vor staatlicher Korruption – als das größte Problem des Landes betrachtet. Fast 40 Prozent gaben an, davon ihre Wahlentscheidung abhängig machen zu wollen.«[60] Eine Stichwahl konnte der politische Newcomer Selenskyj gegenüber dem bisherigen Präsidenten Poroschenko mit 30,2 Prozent der Stimmen für sich entscheiden. Um seine Position zu stärken, setzte er für Juli 2019 Neuwahlen an, die er mit 73,2 Prozent gewann, obwohl er kaum auf Erfolge in der Zwischenzeit verweisen konnte. Wahlentscheidend war vermutlich, dass er angekündigt hatte, er werde den Krieg gegen die von Russland finanzierten »Separatisten« im Osten der Ukraine beenden.

Ulrich Heyden, ein in Moskau wohnhafter deutscher Journalist, hat ab 2014 über Jahre hinweg immer wieder (2015, 2017, 2018, 2020) die von den Föderalisten oder Separatisten kontrollierten Gebiete im Donbass bereist und über den Krieg der ukrainischen Führung gegen das eigene Volk berichtet. Seine Reportagen zeigen, dass die Regierung unter Poroschenko ab Juni 2014 im Rahmen

59 Siehe https://de.wikipedia.org/wiki/Minsk_II#Vor_Ort Zugriff am 18.11.22.

60 Siehe https://www.bpb.de/kurz-knapp/hintergrund-aktuell/288321/selenskyj-wird-praesident-der-ukraine/

 der sogenannten »Antiterroroperation« immer wieder die nicht gefügige Bevölkerung des Donbass unter Beschuss genommen hat. Allein in der Donezk-Republik waren Ende 2014 schon 3.800 Wohnhäuser beschädigt.[61] Diese Angriffe auf Städte, Dörfer und Infrastruktur sind bis heute in der bundesdeutschen Öffentlichkeit kaum bekannt, was nicht verwundert. Denn: »Die deutschen Chefredakteure schicken seit 2014 keine Journalisten mehr in die Volksrepubliken«, so Heyden.[62] Dass diese Behauptung keineswegs abwegig ist, belegt der Fall der deutschen Journalistin Alina Lipp, die sich Mitte 2022 seitens der deutschen Justiz einem Strafverfahren mit Androhung einer dreijährigen Haftstrafe ausgesetzt sah, weil sie über ukrainische Angriffe im Donbass berichtet hatte.[63] Der Vorwurf: Billigung von Straftaten nach dem Völkerstrafgesetzbuch, weil sie die russische Invasion nicht explizit verurteilt hat.

Aufschlussreich sind Heydens Berichte über die rasche Eskalation am Beginn des Konflikts Mitte 2014. Nachdem Anfang April die »Volksrepublik Donezk« ausgerufen worden war, befahl der Übergangspräsident Turtschinow wenige Tage später die militärische »Antiterroroperation«. Am 2. Juni bombardierte ein Kampfflugzeug bereits die Gebietsverwaltung von Lugansk, nachdem man auch dort eine »Volksrepublik« ausgerufen hatte. Es gab Tote und Verletzte. Bald darauf wurden auch die Städte Slawjansk und Kramatorsk sowie einzelne Dörfer bombardiert oder mit Artillerie beschossen. Infrastrukturen wurden zerstört. Poroschenko, ab Juni 2014 Präsident, ließ nicht nur die Banken in der Ostukraine schließen, sondern verhängte auch ein Embargo. Wasser- und Stromversorgung

61 Heyden 2022, S. 290.

62 Ebd. S. 190.

63 Siehe https://parstoday.com/de/news/germany-i70078-deutscher_journalistin_droht_haft_wegen_berichterstattung_%C3%BCber_ukrainische_verbrechen_im_donbass wurden zeitweise gekappt. In der Folgezeit wurden immer mehr Städte und Dörfer zu Angriffszielen. Heyden: »Der Stress treibt alte Menschen in den Tod [...] Eltern erzählen mir, dass sich ihre Schulkinder tagsüber einnässen« (S. 45). Er berichtet, dass die Menschenrechtsorganisation Memorial Klagen beim Europäischen Gerichtshof für Menschenrechte einreichte. Die rechtsradikalen Freiwilligenbataillone Asow, Aidar, Rechter Sektor oder Tornado verhafteten laut Heyden Verdächtige, »folterten und beschossen – oft auf eigene Faust – Wohngebiete in den Volksrepubliken« (S. 169). Heyden hält aber auch Berichte über Gräueltaten von Seiten einiger Freiwilligen-Bataillone der Separatisten für glaubwürdig (S. 217).

Heyden hat mit Einwohnern jeden Alters und Berufs Gespräche geführt, mit Arbeitern, Aktivisten, Verwaltungsleuten, Lehrerinnen und Lehrern, Schulleiterinnen, Erzieherinnen, Kommandeuren von Freiwilligenbataillonen. Sie berichten von Zerstörungen und Toten, von Nächten im Keller. Ein Einwohner von Slawjansk klagt im Mai 2014 über den Artilleriebeschuss in den Nächten (S. 187). Achtzehn Dorfbewohner von Kondraschowka wurden im Juli 2014 Opfer eines Luftangriffs, sieben wurden getötet, elf verletzt (S. 199). Der Chefarzt eines Krankenhauses in Perwomaisk erzählt von der Bombardierung der Einrichtung (S. 48). In Lugansk schildert eine Schulleiterin die Folgen des Krieges für die Schule und die Schüler und Schülerinnen (S. 63). Im Juni 2014 hatte ein ukrainisches Kampfflugzeug eine Rakete auf die besetzte Bezirksverwaltung abgeschossen. Es gab Tote und Schwerverletzte (S. 191). Die Schule Nr.13 in Lugansk wurde nach Aussage eines politisch Verantwortlichen gezielt beschossen, insgesamt dreimal (S. 68). In Donezk erzählen Jugendliche von der dauernden Beschießung der Stadt Anfang des Jahres 2015. Der Dachstock einer Schule war notdürftig repariert (S. 176 f.). In einer Stadt wurde schon 2014 die zentrale Trinkwasserleitung zerstört (S. 194). Der Leiter der Wasserfilter-Anlage von Donezk berichtet 2018 vom ständigen Beschuss der Anlage, auf die bis zu 500.000 Einwohner angewiesen seien (S. 307).[64]

Interessant ist die Zustimmung, die die Aufständischen fanden. Auch die Wahlbeteiligung im November 2018 zeigte die hohe Zustimmung zu den neuen politischen Gegebenheiten. Ein anderes Indiz: Nach dem Mordanschlag auf den Präsidenten der Volksrepublik Donezk im September 2018 nahmen weit über 120.000 Menschen an der Trauerfeier teil (S. 267). Heyden lässt jedoch keinen Zweifel, dass es auch im Donbass »pro-Maidan-Kräfte« gegeben hat, die aber meist schon früh in die von Kiew kontrollierten Gebiete migriert sind (S. 86). Nach Angaben einer ukrainischen Soziologin sind von 2014 bis 2022 »rund anderthalb Millionen Ukrainer:innen aus den besetzten Gebieten und der Frontregion entlang der Kontaktlinie geflohen.«[65] Nach Russland flohen nach Angaben eines russischen Ermittlungskomitees zwischen April 2014 und Ende 2015 1,1 Millionen oder wurden dorthin evakuiert.[66]

64 Zur Überprüfung der journalistischen Berichte von Heyden könnte man Berichte der OSZE heranziehen, z. B. https://www.osce.org/ukraine-smm/138296, abgerufen am 8.12.22. Als Bestätigung mag auch gelten, dass eine Kiewerin den Bandera-Anhängern wünscht, »dass sie das erleben sollten, was die Bevölkerung vom Donbas in den letzten acht Jahren erlebt hat.« So ein Informant aus Kiew auf den Nachdenkseiten v. 9.12.22. Er meint, dass man die Volksrepubliken »dem Erdboden gleichmachen« wollte, das wüssten alle. Siehe https://www.nachdenkseiten.de/?p=91331#note_1, Zugriff am 9.12.22.

65 Siehe https://laender-analysen.de/ukraine-analysen/271/wohnraum-und-krieg-in-der-ukraine

66 *junge Welt* v. 18.11.2022, S. 7.

Nation Building: bei der Ukraine ein besonders schwieriges Unternehmen

Nationalistische, teilweise faschistoide Kampfverbände waren maßgeblich an dem achtjährigen Krieg der ukrainischen Regierung gegen die abtrünnigen Verwaltungsbezirke beteiligt. Sie trugen die Bodenkämpfe. Brüche des Waffenstillstands gingen oft auf ihr Konto. Ulrich Heyden schrieb im April 2014, als die Regierung nach der Besetzung von Verwaltungsgebäuden im Donbass Truppen entsandt hatte: »Da die Motivation der ukrainischen Soldaten, gegen Menschen mit ukrainischem Pass zu kämpfen, gering war, wurden Stoßtrupp-Aufgaben und Strafaktionen im Donbass von den rechtsradikalen und ultranationalistischen ukrainischen Freiwilligen-Bataillonen Dnjepr-1, Tornado, Asow und Aidar ausgeführt.«[67] Sie wurden nach seinen Angaben von dem Oligarchen Ihor Kolomojskyj finanziert. Eine der von ihm unterhaltenen »Spezialeinheiten« schoss im Mai 2014 auf Abstimmungswillige vor einem Wahllokal im Donezk-Gebiet.[68] Solche Gruppen scheuten vor Terroranschlägen nicht zurück, die ihr Nationalismus für sie rechtfertigte. Als im Februar 2015 eine Autobushaltestelle in Donezk mit Granatwerfern beschossen wurde – 15 Menschen wurden getötet – verdächtigte man eine rechte Untergrundeinheit innerhalb der Stadt.[69]

Die starke Rolle ultranationalistischer Gruppen und Verbände, nicht nur im Krieg mit den »Separatisten«, lässt sich vielleicht im Blick auf die Geschichte der Ukraine

67 Heyden 2022, S. 161.
68 Ebd. S. 143.
69 Ebd. S. 163.

verstehen. Die Ukraine hat sich erst vor einhundert Jahren zum ersten Mal als Nationalstaat verstanden, ist innerhalb Europas also ein besonders junger Nationalstaat. Dabei war das Territorium der heutigen Ukraine Jahrhunderte hindurch von unterschiedlichen Mächten beherrscht (siehe oben), kulturell differenziert und in der jüngeren Geschichte auch sozialökonomisch unterschiedlich geprägt. Diese Aufteilung hat zusammen mit der jüngeren Wirtschaftsgeschichte Auswirkungen bis heute.

Der Osten ist überwiegend russischsprachig und industriell, auch proletarisch geprägt, der Westen historisch Westeuropa zugewandt und agrarisch geprägt. Das macht die Konflikte innerhalb der 1991 unabhängig gewordenen Ukraine verständlich. Im Osten der Ukraine haben 2003 bis zu 90 Prozent der Bevölkerung Russisch als ihre Umgangssprache angegeben. In der mittleren Ukraine waren es immerhin noch beinahe 60 Prozent. Die verwandtschaftlichen Beziehungen nach Russland waren und sind stark. Zur sprachlichen Diversität kommt die konfessionelle, also die Zugehörigkeit zu verschiedenen kirchlichen Gemeinschaften. In dem früher von Polen-Litauen beherrschten Westen dominiert die unierte griechisch-katholische Kirche (gegr. 1596). In der übrigen Ukraine gibt es zum einen Gemeinden der ukrainisch-orthodoxen Kirche des Moskauer Patriarchats und zum anderen Gemeinden der erst 2018 verselbständigten »autokephalen« Orthodoxen Kirche der Ukraine. Mehrmals wurde das Verbot der Kirche des Moskauer Patriarchats gefordert.

Der Historiker Serhii Plokhy, der mit seiner ukrainischen Nationalgeschichte zum Nation Building beitragen will, charakterisiert die Ukraine als ein Land, »dessen Bürger unterschiedliche Ethnien repräsentierten, sich mehrerer Sprachen (oft im Wechsel) bedienten, vielen verschiedenen Kirchen angehörten und eine Reihe vielfältiger historischer Regionen bewohnten«.[70] Die Vergangenheitsform wählt er wohl deshalb, weil er davon ausgeht, dass diese Differenzen inzwischen belanglos geworden seien.

Rosa Luxemburg hielt 1918 Lenins Vorhaben, der Ukraine den Status einer eigenständigen Sowjetrepublik zu geben, für eine verrückte Idee. Die Ukraine habe »niemals eine Nation oder einen Staat gebildet«. Der ukrainische Nationalismus sei die Schrulle »von ein paar Dutzend kleinbürgerlichen Intelligenzlern«.[71] Dagegen machte es Lenin nach der Gründung der Ukrainischen Sowjetrepublik »allen Parteimitgliedern zur Pflicht, mit allen Mitteln an der Beseitigung jeglicher Hindernisse für eine freie Entfaltung der ukrainischen Sprache und Kultur mitzuwirken«. Aufschlussreich ist dabei seine Begründung: »Da infolge der jahrhundertelangen Unterdrückung bei dem rückständigen Teil der ukrainischen Bevölkerung nationalistische Tendenzen zu verzeichnen sind«, forderte er »größte Behutsamkeit« und »kameradschaftliche Aufklärung«.[72]

Das Nation Buildung, auf Deutsch die Schaffung einer Nation mit einem allgemeinen Zusammengehörigkeitsgefühl und der Loyalität gegenüber dem jeweiligen Staat, ist in allen modernen Staaten ein schwieriger Prozess gewesen. Selbst Frankreich kam zeitweise nicht ohne Sprachverbote aus, obwohl es aus der Feudalzeit schon als Nation hervorgegangen war, weil die absolutistischen Könige alle ungeachtet des Standes zu ihren Untertanen gemacht hatten – eine Gleichstellung, die dann die revolutionäre Idee der Gleichheit der Bürger nahelegte.

70 Plokhy 2022, S. 495.

71 Rosa Luxemburg (1918): *Die russische Revolution.*

72 Wladimir Iljitsch Lenin: *Entwurf der Resolution des ZK der KPR (B) über die Sowjetmacht in der Ukraine*, geschrieben im November 1919. Lenin: *Werke, Bd. 30*, Berlin: Dietz-Verlag, 1972, S. 148-151.

 Außerdem hatte der Zentralismus die regionalen Unterschiede relativiert. Dennoch glaubte man im 19. Jahrhundert Minderheitensprachen wie das Bretonische unterdrücken zu müssen. Ähnliche Assimilationsbemühungen gab es in allen europäischen Staaten. In Preußen trat man dem Gebrauch der polnischen und sorbischen Sprache entgegen.

Da für die Feudalherrn die freiwillige Unterwerfung der Untertanen für die Sicherung ihrer Herrschaft belanglos war, war auch deren Verbundenheit durch kulturelle Gemeinsamkeiten noch bedeutungslos. Erst der moderne Staat formal gleicher und freier Bürger braucht dergleichen zur Identifikation mit dem Staat. Der Nationalstaat ist daher eine historisch junge Einrichtung. Er hat aus marxistischer Sicht die Funktion, dem Kapital günstige Verwertungsmöglichkeiten zu verschaffen durch Infrastrukturmaßnahmen, Ausbildung der Arbeitskräfte, Förderung von Wissenschaft und Technik, Schutz nach außen etc. Zugleich soll er zwischen den Klasseninteressen vermitteln, wenn sie politisch artikuliert werden. Die Befriedung wird aber nicht nur durch Interessenvermittlung und sozialpolitische Zugeständnisse erreicht, sondern auch durch die suggestive Vermittlung einer einigenden nationalen Identität. Staatliche Bemühungen sind daher darauf gerichtet, Klassengegensätze möglichst mit (vermeintlichen) Gemeinsamkeiten zu überdecken.

Man kann zwei extreme Positionen zum Nation Building unterscheiden. Für den US-amerikanischen Politikwissenschaftler Benedict Anderson, der Prozesse des Nation Building in Südostasien studiert hat, ist Nation »eine vorgestellte politische Gemeinschaft«.[73] Die vorgestellte Gemeinschaft wird mit kulturellen Praktiken

73 Anderson 1993, S. 15.

und Symbolen gestärkt.[74] Ein anderer Exponent ist der Austromarxist Otto Bauer, der die Sozialdemokratie in der K.-u.-k.-Monarchie mit der Nationalitätenfrage konfrontiert sah. Er nahm Bindungen durch eine historische »Schicksalsgemeinschaft« an. Der »Niederschlag vergangener geschichtlicher Prozesse« bedingt nach ihm den »Nationalcharakter« (1907/1975). Eine vermittelnde Position könnte man Stuart Hall zusprechen, der auch historisch bedingte Gemeinsamkeiten annimmt. In der Karibik, seiner Heimat, sind sie zum Beispiel durch die Kolonialgeschichte bedingt. Aber es braucht nach ihm auch eine »Erzählung der Nation«, »die in Nationalgeschichten, in der Literatur, in den Medien und der Alltagskultur immer wieder vorgetragen wird«.[75]

Eine besondere Funktion kommt der Geschichtspolitik zu, und hier speziell den historischen Narrativen. Dazu gehören Mythen vom nationalen Ursprung und von der nationalen Selbstentfaltung[76], nationale Heldengeschichten und -gestalten und die Erinnerung an Eroberung oder Widerstand, aber auch an kulturelle oder technologische Leistungen. Denkmäler helfen, ein kollektives Gedächtnis in den Köpfen zu verankern. In der Terminologie von Jan Assmann sind sie Teil des »kollektiven Gedächtnisses«, wo »Erinnerung durch kulturelle Formung (Texte, Riten, Denkmäler) und institutionalisierte Kommunikation (Rezitation, Begehung, Betrachtung) wachgehalten wird«.[77]

Die Frage ist nicht, ob es überhaupt eine Geschichtsrekonstruktion geben kann, die völlig unumstritten ist. Die Frage ist, ob eine Gesellschaft bemüht ist, der eigenen Geschichte unvoreingenommen nachzuforschen, oder aber

74 Ebd. S. 109.
75 Hall 1994, S. 202.
76 Ebd. S. 202 f.
77 Assmann 1988, S. 12, Staatliche Feiertage sind Teil der Geschichtspolitik, in Frankreich der 14. Juli in Erinnerung an den Beginn der Französischen Revolution, in der Bundesrepublik der 3. Oktober als »Tag der deutschen Einheit«.

ideologische Apparate an politisch erwünschten Selbstbildern arbeiten lässt. Auch Opfermythen können dazu dienen, das Staatsvolk zusammenzuschweißen.

Der Rückblick auf die Geschichte der Nationalstaaten seit Beginn des 19. Jahrhunderts zeigt die Schwierigkeiten des Nation Building. Bei der Ukraine werden die üblichen Schwierigkeiten jedoch übertroffen durch die schon erwähnten historischen Trennungen. Zu welchen Mitteln strategischer Kommunikation man greifen musste, das verrät eine Bemerkung der US-Historikerin Anne Appelbaum in ihrem Buch über die Hungersnot von 1932/33: »Juschtschenko verstand die Macht der Hungersnot als einigende nationale Erinnerung der Ukrainer.«[78] In den 1970er Jahren war in der Community der Exilukrainer die Hungersnot, der 1932/33 die Menschen in vielen Sowjetrepubliken zum Opfer fielen, zum gezielten Genozid an den Ukrainern erklärt worden, genannt »Holodomor« (siehe weiter unten). Aber das Fehlen früherer Formen der Staatlichkeit und der dadurch bedingte Mangel an kulturellem Erbe lassen sich damit kaum kompensieren. Die Ukrainer waren früher selbstverständlich Untertanen oder Bürger von Fürstentümern und größeren Reichen, darunter des Zarenreichs. Aber es gelang ihnen bis vor hundert Jahren nicht, einen eigenen Staat zu gründen. Das behinderte auch die Ausbildung einer einheitlichen Schriftsprache.

An der Wende vom 18. zum 19. Jahrhundert verfasste ein gewisser Iwan Kotljarewskyj ein Versepos in ukrainischer Umgangssprache und machte sie damit zur Literatursprache. »Die Sprache seiner Heimat, der Poltawa-Region des einstigen Hetmanats, wurde für die Sprecher zahlreicher ukrainischer Dialekte ... zur Grundlage des

78 Anne Applebaum (2019): *Roter Hunger. Stalins Krieg gegen die Ukraine*. München: Siedler Verlag, S. 438 (zit. nach Reinhard Lauterbach »Mit Melnyk im Plenarsaal« in: *junge Welt* v. 2.12.22, S. 13.

Standardukrainischen«.[79] 1818 erschien dann auch die erste Grammatik. Diese Entwicklung lieferte schließlich die Initialzündung für das Erwachen einer Nationalbewegung, und zwar sowohl im Zarenreich als auch in Österreich-Ungarn. In Kiew bildeten zur Mitte des 19. Jahrhunderts einige Professoren und Literaten eine Geheimgesellschaft, die das Reich in eine Föderation gleichberechtigter Republiken umwandeln wollte, so ihre Vision.[80] Zu den Mitgliedern gehörte der heute als Nationaldichter gefeierte Taras Schewtschenko, der auch auf Ukrainisch schrieb. Er wurde vom Zaren in die Verbannung geschickt. Das aufkeimende Nationalbewusstsein wurde nun nämlich vom Regime als Bedrohung wahrgenommen, weshalb dann generell Publikationen in ukrainischer Sprache verboten wurden. Die Habsburger wurden durch die Gründung eines Vereins in Lemberg (Lwiw), der sich anspruchsvoll »Oberster Ruthenischer Rat« nannte, weniger beunruhigt. Denn die Initiative der Ruthenen, so die Bezeichnung der Ukrainer in Galizien, erschien ihnen weniger bedrohlich als der Nationalismus der dortigen Polen. Das Anliegen der Ruthenen, die der unierten Kirche angehörten, war zumindest anfangs stark konfessionell geprägt. Den Geistlichen, die 1848 in einem Appell an den Kaiser in Wien für die Rechte der ruthenischen Sprache eintraten, ging es vor allem auch um Schutz gegen die Vorherrschaft des polnischen Katholizismus.[81] Auch ein Zusammenschluss junger Schriftsteller und Dichter, die dem Geist der Zeit entsprechend Zeugnisse der Volkskultur sammelten[82], sorgte offenbar bei der kaiserlichen Verwaltung nicht für Aufregung.

79 Plokhy 2022, S. 223.
80 Ebd. S. 235.
81 Ebd. S. 241.
82 Ebd. S. 243.

Wenn wir uns die ersten Ansätze nationaler Erweckung vor Augen führen, dann müssen wir zugeben, dass Rosa Luxemburg anscheinend nicht unrecht hatte, als sie meinte, der ukrainische Nationalismus sei die Schrulle »von ein paar Dutzend kleinbürgerlichen Intelligenzlern«. Das galt für das Zarenreich ebenso wie für das Habsburgerreich. An späterer Stelle wird das für unsere Überlegungen von Relevanz sein. Es soll aber auch nicht übergangen werden, dass es den national Bewegten gelang, in Galizien eine ukrainische Gegenöffentlichkeit zu schaffen, indem sie die dortigen Publikationsmöglichkeiten nutzten.[83]

Eine andere gesellschaftliche Dimension erreichte die ukrainische Nationalbewegung am Ende des Ersten Weltkriegs und danach. 1917 bildeten Vertreter politischer und kultureller Vereine in Kiew ein Komitee, das territoriale Autonomie innerhalb eines reformierten russischen Staates anstrebte und mit dem Versprechen von Land und Frieden viel Zustimmung fand. Nach der Oktoberrevolution riefen die in der Zentralna Rada vertretenen Politiker die Ukrainische Volksrepublik aus, verloren aber bald die Zustimmung der Massen an die von den Bolschewiki ausgerufene Ukrainische Volksrepublik der Sowjets.

Nach der zweijährigen Besetzung der Ukraine durch deutsche und österreichisch-ungarische Truppen wurde die Ukrainische Volksrepublik von der Ukrainischen Sozialistischen Sowjetrepublik abgelöst. Unter den Sowjets wurde die Standardisierung des Ukrainischen als Schriftsprache vollendet. Sie machten das Ukrainische zusammen mit dem Russischen zur Amtssprache und in den Schulen zur Unterrichtssprache, förderten ukrainische Kultureinrichtungen und damit das ukrainische Kulturleben, wie von Lenin angewiesen (siehe oben). Selbst der ukrainische Historiker Serhii Plokhy, gewiss kein Freund der Sowjets,

83 Ebd. S. 250.

kann nicht umhin, die Verdienste der damaligen Kulturpolitik zu würdigen.[84]

Die staatlichen Bemühungen wurden jedoch von sozialökonomischen Entwicklungen, nämlich der Industrialisierung und der damit verbundenen Zuwanderung und Urbanisierung, unterlaufen, die dem Russischen entgegenkamen. Im ökonomischen Süden und Osten, vor allem in den Städten, wuchs der Anteil der Ukrainischsprachigen kaum. Außerdem setzten Intellektuelle schon wegen der größeren Reichweite ihrer Botschaften auf die russische Sprache.[85] Traditionell wurde das Ukrainische abschätzig als bäuerlicher Dialekt abgetan, was eine förderliche Sprachpolitik erschwerte. Wer etwas auf sich hielt, sprach Russisch. In den Städten der Westukraine hatte man vorher Deutsch oder Polnisch gesprochen. Ukrainisch sprachen neben den Leuten vom Land nur die Hausmädchen und sonstigen Dienstboten.[86] Und das Prestige einer Sprache wird in der Regel vom sozialen Status der Sprecher bestimmt, womit es wiederum die Sozialordnung bestätigt. In der späteren Sowjetunion begünstigte die weitere Industrialisierung, verbunden mit dem unionsweiten Handel, dem Verkehr und der Binnenmigration, die Russifizierung. Eventuell trug auch der Militärdienst dazu bei.

So kamen die ukrainische Sprache und Kultur bzw. diejenigen, die sich damit identifizierten, nicht aus der Defensivposition heraus. Eine solche Situation bringt Unsicherheit mit sich. Diese wurde und wird noch dadurch verstärkt, dass sich die Ukrainer von außen mit der Meinung konfrontiert sehen, eine eigene ukrainische Kultur, eine eigenständige Entwicklung außerhalb des

84 Ebd., siehe z. B. S. 330 f.

85 Ebd. S. 331 f.

86 Belege dafür findet man in dem Familienroman von Natascha Wodin: *Sie kam aus Mariupol.* Rowohlt Verlag 2018.

 russischen Einflussbereichs habe es nie gegeben. Die Ukraine sei schon lange, wenn nicht schon immer ein Teil Russlands und der russischen Kultur. Umso stärker war in der unabhängig gewordenen Ukraine das Bestreben der Nationalisten, die russische Sprache aus dem Leben des Landes zu verbannen. Dazu kommt ihre Vorstellung, dass gesellschaftlicher Zusammenhalt und Loyalität gegenüber dem Staat am besten durch kulturelle Homogenität gewährleistet würden. Ständig wird die nationale Identität beschworen.

Die Unsicherheit und Angst im ukrainischen Establishment, was das Zugehörigkeitsgefühl der Bürger betrifft, verrät eine Zeitungsmeldung vom März 2022. Das Bemühen der deutschen Bildungsverwaltung, die Flüchtlingskinder aus der Ukraine möglichst rasch schulisch zu integrieren, weckte bei der ukrainischen Generalkonsulin Iryna Tybinka die Befürchtung, damit könne die nationale Identität der Kinder gefährdet werden. Sie forderte daher getrennten Unterricht nach dem ukrainischen Lehrplan.[87]

Der Historiker Serhii Plokhy liefert mit seiner Nationalgeschichte der Ukraine unter dem Titel »Das Tor Europas« für die Ukrainer das Narrativ zur Selbstvergewisserung. Seine Rekonstruktion der Geschichte in dem Raum zwischen Don und Dnister, zwischen Prypjat und dem Schwarzen Meer ist ein Beitrag zum Nation Building, für den ihm der Dank der Ukraine sicher sein dürfte.[88] Schönfärberei und Legendenbildung gehören bei einem solchen Unternehmen zum Geschäft.

87 Siehe https://www.berliner-zeitung.de/lernen-arbeiten/ukrainische-generalkonsulin-lehnt-unterricht-in-willkommensklassen-ab-li.217240.amp, Zugriff am 21.11.22.

88 Plokhy, Jahrgang 1957, hat seine Ausbildung zum Historiker in der Sowjetunion absolviert. In den 1990er Jahren ging er nach Kanada, wo es eine riesige Gemeinde von Exil-Ukrainern gibt, und seit 2007 hat er in Harvard den Lehrstuhl, der nach dem ukrainischen Historiker Hruschewskyi (1866–1934) benannt ist.

Um frühe Formen von Staatlichkeit zu belegen, gibt Plokhy zwei historischen Feudalherrschaften einen hohen Stellenwert: den frühmittelalterlichen Kiewer oder Kyjiwer Rus und dem Hetmanat der Kosaken.[89] Auf jenes von Kiew oder Kyjiw aus beherrschte Reich beruft man sich sowohl in Russland als auch in der Ukraine zur Begründung der Ehrfurcht gebietenden geschichtlichen Herkunft. Plokhy geht es um den Aufweis von Indizien für die Sonderentwicklung einer Traditionslinie mit Orientierung nach dem europäischen Westen hin, wobei er implizit den Vergleich zum Moskauer Großfürstentum zieht. Schon die Heiratspolitik der Kyjiwer Rus wird als Indiz angeführt.[90] Die Erwähnung der polnischen »Adelsdemokratie« und der italienischen Renaissance in Polen-Litauen soll auf die Zuwendung zur westeuropäischen Kultur in der Vorgeschichte der heutigen Ukraine aufmerksam machen.[91] Was heute Ukraine ist, gehörte in der Tat über Jahrhunderte zum Königreich Polen-Litauen. Plokhy behauptet auch, im mittelalterlichen Fürstentum Galizien-Wolhynien sähen Historiker schon einen »unabhängigen Staat«[92], quasi ein frühes Modell für die heutige Ukraine. Das Hetmanat der Kosaken im 17. Jahrhundert wird, wie in der Ukraine gern gedeutet, als Vorläufer der Eigenstaatlichkeit gesehen. Dieses proto-demokratische Gebilde war allerdings nur von kurzer Dauer, weil der Hetman sich 1654 der Zarenherrschaft unterstellte.

Eine sprachgeschichtliche Argumentationslinie zielt bei Plokhy darauf ab, die frühe Entwicklung des Ukrainischen oder Ruthenischen zur Schriftsprache zu zeigen. So sei 1568 den »ukrainischen« Woiwodschaften bei der Union zwischen Polen und Litauen der Gebrauch der

89 Plokhy legt Wert auf die deutsche Umschrift des Ukrainischen bei allen Namen.
90 Ebd. S. 81.
91 Ebd. S. 106.
92 Ebd. S. 104.

ruthenischen Sprache als Gerichts- und Amtssprache garantiert worden.[93] Später verweist der Verfasser auf den Druck religiöser Schriften in ruthenischer Sprache im 17. Jahrhundert im Rahmen der Entwicklung Kyjiws zu einem kulturellen Zentrum.[94]

Die Interpretation historischer Fakten im Sinn des Nation-Building-Projekts ist in einer Nationalgeschichte nichts Ungewöhnliches. Manche Entwicklung interpretiert der Verfasser sogar so, dass sie nicht unbedingt im nationalistischen Sinn zu lesen ist. Er stützt nicht die üblichen Legenden von der Russifizierung in der Sowjetrepublik und vom »Holodomor«. Die Hungersnot von 1932/33 führt er wie der wissenschaftliche Mainstream auf die übereilte Kollektivierung der Landwirtschaft und die brachiale Industrialisierung zurück. Plokhy hätte mit seiner Nationalgeschichte ein identitätsstiftendes Narrativ für die Ukraine liefern können, das einen Patriotismus ohne Russenhass begründet hätte.

Aber beim Rückblick auf Etappen der ukrainische Nationalbewegung sucht Plokhy dann den Anschluss an den heute herrschenden nationalistischen Kurs. Er verharmlost die Ideologie der Organisation Ukrainischer Nationalisten (OUN) aus der Zwischenkriegszeit als »radikalen Nationalismus«, obwohl er Mordanschläge und andere terroristische Aktionen nicht verschweigen kann. Er erwähnt sogar die Mordanklagen gegen Stepan Bandera und zitiert sein entlarvendes politisches Bekenntnis vor Gericht.[95] Befremdlich sind die Ausführungen über die Ukrainische Aufstandsarmee (UPA). Und dass fast 20.000 Ukrainer an der Seite Nazi-Deutschlands in der SS-Division Galizien dienten, wird mit der Bemerkung relativiert, dass »Männer aus nahezu allen europäischen

93 Ebd. S. 116.
94 Ebd. S. 153.
95 Ebd. S. 340.

Nationalitäten« bei der SS waren.[96] Und bei der Darstellung der Maidan-Revolte von 2013/14 unterwirft sich der Historiker endgültig dem herrschenden Narrativ. Die Botschaft heißt: Das war ein demokratischer Prozess im Sinne der ganzen ukrainischen Gesellschaft. Keine Rede von einem Staatsstreich oder von Bomben auf die eigenen Städte. Die Anpassungsleistung des Verfassers kann man als ein Indiz für die destruktive Dynamik der gesellschaftlichen Entwicklung in der Ukraine nehmen.

96 Ebd. S. 395.

Der Einfluss der Rechtsradikalen auf die Politik

In der Einleitung seines Buchs sieht Plokhy die Ukraine als »moderne multiethnische und multikulturelle« Nation (S. 29). Man weiß nicht, ob das der Imagepflege der Ukraine dienen soll oder ob der Blick aus der Ferne die realitätsfremde Sicht verursacht hat.

Denn die seit 2014 verfolgte Sprachpolitik ist alles andere als multikulturell. Schon einen Tag nach dem Staatsstreich am 23. Februar 2014 hob die neue Parlamentsmehrheit das 2012 in Kraft getretene »Gesetz über die Grundlagen der staatlichen Sprachpolitik« auf, das die Rechte der Regionalsprachen regelte.[97] Nur auf Druck westlicher Botschafter bestätigte der Übergangspräsident die Aufhebung des Gesetzes nicht durch seine Unterschrift. Seine Bedeutung lag darin, dass es in den vorwiegend russischsprachigen Regionen die Verwendung des Russischen in wesentlichen Bereichen des alltäglichen und öffentlichen Lebens, auch bei Behörden, erlaubte. Auch Minderheitensprachen wie Rumänisch – Russisch war zumindest in den östlichen Regionen keine Minderheitensprache – haben von dem Gesetz profitiert. Aber zum politischen Streitpunkt war die Sprachenfrage nur wegen des Stellenwerts des Russischen geworden. In der ersten Zeit nach der Unabhängigkeit unter den Präsidenten Krawtschuk und Kutschma wurde die Ukraine schlicht als zweisprachig gesehen, bis dann seit der Präsidentschaft von Juschtschenko der Sprachenstreit aufflammte. Dieser führte zum Beispiel 2006 bei der Verabschiedung eines Rundfunk- und Fernsehgesetzes Quoten für russischsprachige Sendungen

97 Bis dahin galt noch das Gesetz der Ukrainischen Sowjetischen Sozialistischen Republik. https://uacrisis.org/de/71737-will-new-language-law-change, Zugriff am 23.11.22.

ein, was Proteste auslöste. Das 2012 von der Partei der Regionen eingebrachte Gesetz sollte für eine klare Rechtslage sorgen und die russischsprachige Bevölkerung beruhigen. Aber den um die nationale Identität Besorgten war es immer ein Dorn im Auge, obwohl das Ukrainische als Staatssprache vom Gesetz bestätigt wurde.

Im Februar 2018 hob das Verfassungsgericht der Ukraine das Gesetz auf. Am 25. April 2019 verabschiedete das Parlament ein neues Sprachengesetz. Die Opposition hatte aus Protest nicht an der Abstimmung teilgenommen. Die ukrainische Sprache muss nun nach dem Gesetz nicht nur im öffentlichen Sektor sowie den Organen der lokalen Selbstverwaltung, in gesellschaftlichen Einrichtungen und Organisationen, in Bildung und Wissenschaft, in der Armee und in den Sicherheitskräften verwendet werden, sondern auch im Gesundheitswesen, im Dienstleistungssektor, im Energiebereich und in der Industrie, in Kinos und Theatern und in den Medien. Intendiert wird damit, den Gebrauch der russischen Sprache auf den privaten Raum zu beschränken. Wie realistisch das ist, sei dahingestellt. Eine »Staatliche Kommission zum Schutz der Sprache« überwacht den Sprachgebrauch.[98] Printmedien müssen in der Staatssprache erscheinen. Sie können jedoch auch in anderen Sprachen herausgegeben werden, sofern gleichzeitig zur fremdsprachigen Auflage auch eine Auflage in der Staatssprache gedruckt wird. Für Sprachen »autochthoner« Minderheiten gelten Sonderregelungen. Mit der Kennzeichnung als »autochthon« wird die russischsprachige Bevölkerung der historischen Realität zum Trotz als fremd exkludiert.

Man muss sich vor Augen halten, dass die Bevölkerung im Osten der Ukraine zum Zeitpunkt der Verabschiedung

98 Nachricht v. 24. 11. 22: Dem Bürgermeister von Charkow wurde eine Geldstrafe auferlegt, weil er in öffentlichen Verlautbarungen und Kurznachrichten die russische Sprache verwendet hat. Er war ein Jahr vorher mit 50 Prozent gewählt worden.

 des Gesetzes fast ausschließlich Russisch sprach, und selbst in der mittleren Ukraine eine Mehrheit (siehe weiter oben). Die Zahlen sind unterschiedlich. Auch die Statistik ist nicht politisch neutral. Aber im Groben wird klar, dass die russischsprachigen Ukrainer eine nicht zu vernachlässigende Gruppe sind. Das Gesetz wurde mit der angeblich permanenten Unterdrückung der ukrainischen Sprache in den früheren Regimen, also quasi als Kompensationsleistung gerechtfertigt.[99]

Der Kulturkampf wurde schließlich auf die ganze russische Kultur ausgedehnt und gipfelt in einer Geschichtsrevision. In Kiew und anderen Städten wurden Straßen und Plätze umbenannt. Denkmäler, die an die Sowjetära erinnerten, waren schon in den Jahren vorher gestürzt worden. Nun wurden aber im August 2022 von der Kiewer Stadtverwaltung nicht nur die Namen, die an diese Ära erinnerten, getilgt, und auch nicht nur der Name des Zaren Peter, sondern auch die Namen russischer Schriftsteller, Künstler etc. aus dem 19. Jahrhundert. Insgesamt sollen fast einhundert Straßen und Plätze umbenannt worden sein. Dass man an Marx und Engels nicht mehr erinnern will, lässt sich mit Antikommunismus erklären. Aber in dem verzweifelten Bestreben, alle kulturellen Verbindungen zu Russland zu kappen, wurden auch Straßennamen getilgt, mit denen russische Schriftsteller und Dichter geehrt worden waren. Man hat sich nicht gescheut, selbst die Namen von Alexander Puschkin, Lew Tolstoi und Anton Tschechow gegen die Namen nationalistischer Kultfiguren auszutauschen. Für

99 Zwei Autoren übernahmen 2012 in einem Kommentar der Bundeszentrale für politische Bildung die Position der ukrainischen Nationalisten zur Sprachenfrage. Guttke, Matthias/Rank, Hartmut: Analyse: *Mit der Sprachenfrage auf Stimmenfang. Zur aktuellen Sprachgesetzgebung in der Ukraine*. Bundeszentrale für politische Bildung. Siehe https://www.bpb.de/themen/europa/ukraine-analysen/144396/analyse-mit-der-sprachenfrage-auf-stimmenfang-zur-aktuellen-sprachgesetzgebung-in-der-ukraine, Zugriff am 23.11.22.

Bürgermeister Vitali Klitschko ein wichtiger Schritt, »um die betrügerische Manipulation und den Einfluss des russischen Aggressors auf die Interpretation unserer Geschichte zu verringern«.[100] Auch in vielen anderen Städten, zum Beispiel in Poltawa und Odessa, betrieb man diese Geschichtsbereinigung. Auch Ortschaften werden umbenannt. In Kommentaren zu den Aktionen beruft man sich auf die »Zivilgesellschaft«. Dabei lehnen 35 Prozent der Ukrainer nach Umfragen die Umbenennungsaktionen ab.[101]

Dass man keine Scheu hat, sich auf faschistische Führer und Organisationen aus den 1940er Jahren zu berufen, wurde schon 2016 mit der Benennung des großen Kiewer Boulevards nach Stepan Bandera klar. Jetzt hat der Stadtrat einen Platz zum »Heldenplatz der UPA« gemacht, benannt nach dem militärischen Flügel der Organisation Ukrainischer Nationalisten. Die Ukrainische Aufstandsarmee (UPA) war an Judenpogromen beteiligt und wird in Polen des Genozids beschuldigt, weshalb sie dort als »verbrecherische Organisation« gilt.

Die Umbenennung von Straßen- und Ortsnamen wird mit dem Bedürfnis nationaler Identität begründet. Die aufgezeigte Unsicherheit aufgrund des Mangels an staatlichen und kulturellen Traditionen, der durch Legendenbildung übertüncht wird, mag noch den Chauvinismus der Eliten erklären, aber die Tendenz zum Faschismus lässt sich nicht so leicht erklären. Vielleicht müsste man für den Rechtsradikalismus in der Ukraine einen neuen Begriff finden, mit dem traditionellen Faschismus ist er sicher nicht gleichzusetzen.

100 *junge Welt* v. 27./28.06.22, S. 1.

101 Siehe https://www.bpb.de/themen/europa/ukraine-analysen/287634/analyse-die-politik-der-umbenennung-nationsbildung-und-strassennamen-in-der-ukraine, Zugriff am 23.11.22.

Der Schweizer Oberst Jacques Baud, der militärische Projekte in der Ukraine betreut hat, möchte nicht von Neonazis sprechen. Denn: »Sie sympathisieren mit dem Gedankengut, sie haben die Abzeichen, aber sie haben weder eine politische Doktrin noch einen politischen Plan.«[102] Das dürfte so nicht ganz zutreffen. Aber richtig scheint zu sein: Man orientiert sich nicht an einer ausgearbeiteten Ideologie, hat keine Vision außer die Vertreibung der Russenfreunde. Interviews, die die Journalistin Susann Witt-Stahl 2014 mit Rechtsradikalen geführt hat, zeigen ein wirres Weltbild, kontaminiert mit Hass auf alles Russische.[103] Ulrich Heyden im Jahr 2017: »Es gibt in der Ukraine Fackelmärsche der rechtsradikalen Bataillone Asow und Rechter Sektor. Doch es gibt (noch) keine faschistische Massenbewegung …«[104]

Zentral sind die historischen Legenden, die heldenhaften Vorbilder, die Großartigkeit der Ukraine. Prägend scheint eher eine extreme Gewaltbereitschaft bis zur Selbstvernichtung. Rechte Freiwilligenverbände reagierten 2014 auf die Autonomieforderung der Bezirke im Osten sofort mit dem Beschuss von Dörfern, entführten und ermordeten »Verdächtige«. Von den Ukrainern verlangt man die Selbstaufopferung für die Nation. Solche Züge trug auch der traditionelle Faschismus. Dem entsprach zum Beispiel die Aufforderung Selenskyjs an die Bürger, sich zu bewaffnen, womit er sie dem Risiko auslieferte, als Kombattanten erschossen zu werden. Der Bürgermeister von Kupjansk, einer Stadt im Osten der Ukraine (30.000 Einwohner) ist des Hochverrats angeklagt, weil er die Stadt im Februar 2022 kampflos übergab, als die russische Armee vor der Stadt stand. Sie hatte außerdem die Lufthoheit; denn die

102 *Zeitgeschehen im Fokus* v. 15.03.2022, www.zeitgeschehen-im-fokus.ch, Zugriff am 23.11.22.

103 Siehe https://www.hintergrund.de/feuilleton/die-russen-verstehen-keine-andere-sprache/?highlight=Witt%20Stahl

104 Heyden 2022, S. 237.

ukrainische Armee hatte ihre Kräfte bei Charkiw konzentriert. Trotzdem gilt er als Kollaborateur.[105]

Das Regiment Asow soll in der umkämpften Stahlfabrik in Mariupol Zivilisten als Geiseln festgehalten haben. Mehrfach wurde von Fällen berichtet, wo rechte Milizen Zivilisten als menschliche Schutzschilde benutzt haben sollen.[106]

Mit Blick auf die Erscheinungsformen der rechtsradikalen Bewegung in der Ukraine könnte man den neuen »Faschismus« mit folgenden Merkmalen charakterisieren: das Phantasma der jahrhundertelangen nationalen Unterdrückung, Demütigung und Bedrohung, beantwortet mit Stolz und Aggression, der Kampf um die Reinheit der Nation, ein mythisches Geschichtsbild, das Führerprinzip, Gewalt als politische Praxis, Militanz und Heroismus. Einige Überschneidungen mit dem traditionellen Faschismus sind nicht zu übersehen. Dem Reinheitswahn, speziell dem Ausschluss des Russischen und der Leugnung russischen Erbes, liegt die völkische Idee zugrunde. Vom Antisemitismus hat man sich dagegen zumindest offiziell verabschiedet.

Der Mangel an identitätsstiftenden nationalen Narrativen und Symbolen außer der Erzählung von der nationalistischen Aufstandsbewegung allein kann die faschistischen Tendenzen nicht erklären. Es muss noch weitere Erklärungen geben. Ein Grund könnte der kleinbürgerliche Charakter der ukrainischen Nationalbewegung sein, die lange Zeit, etwas vereinfacht ausgedrückt, von Professoren, Literaten und Popen getragen wurde. Sie fokussierten die *kulturelle* Unterdrückung oder Vernachlässigung. Soziale und wirtschaftliche Konflikte

105 Siehe https://www.t-online.de/nachrichten/ukraine/id_100086798/ukraine-krieg-stadt-der-kollaborateure-wollten-uns-zu-russen-umerziehen-.html, abgerufen am 8.12.22. Bemerkenswert ist, dass in der deutschen Nachricht die Sichtweise des ukrainischen Regimes übernommen wird. Überschrift: »Wie der Bürgermeister seine Stadt Kupjansk verriet«.

106 Siehe z. B. Bericht von Amnesty International v. 7.8.22 (https://www.wsws.org/de/articles/2022/08/07/dsao-a07.html) Zugriff am 6.12.22.

 fanden kein Interesse. Nur an der Ausrufung der ersten, kurzlebigen Volksrepublik von 1918 waren die Sozialrevolutionäre maßgeblich beteiligt. Eine große Rolle dürfte der Einfluss der exilukrainischen Community in Kanada und den USA spielen. Im Kalten Krieg waren Exilukrainer aus Westdeutschland, organisiert von der CIA, an subversiven Aktionen beteiligt. Aber noch bedeutsamer war vermutlich die ideologische Infiltration.

In Kanada leben heute über 1,3 Millionen Menschen ukrainischer Herkunft. Die meisten sind herkunftsbewusst und in ukrainischen Verbänden organisiert. Der Ukrainisch-Kanadische Kongress vertritt als Dachverband ihre Interessen. Die meisten der Ukrainer Kanadas haben ihre Wurzeln in der Westukraine, die mehr dem Westen als Russland zugewandt ist. Darunter waren viele Kollaborateure der deutschen Kriegsmaschinerie, die sich am Ende des Zweiten Weltkriegs absetzten. »Zwischen den Ukrainern in Kanada und Lwiw/Lemberg in der Westukraine bestehen seit jeher enge kulturelle und politische Beziehungen, auch in der umstrittenen Heldenverehrung«.[107] Der Kult um Stepan Bandera und Roman Schuchewytsch, Anführer des Bataillons Nachtigall, wird gepflegt. »Sogar ein Büro des Rechten Sektors, der Partei »Swoboda« und anderer rechter Gruppen befinden sich in Kanada. In Edmonton und anderenorts in Kanada entstanden regelrechte Kultstätten des ukrainischen Patriotismus«.[108] Damit soll nicht suggeriert werden, alle Kanadier mit ukrainischen Wurzeln seien reaktionär oder rechtsextrem. Aber eine massive politische Einflussnahme bestimmter Gruppen auf die Entwicklung in der Ukraine, speziell nach 1991, wird durch die Schilderung der Situation nahegelegt.

107 Siehe https://www.eurasischesmagazin.de/artikel/Im-Ukraine-Konflikt-mischt-die-Diaspora-in-Kanada-kraeftig-mit/15015, Zugriff am 23.11.22.

108 Ebd.

Eine weitere Erklärung für den Rechtstrend in der Ukraine und speziell für die Rekrutierungsmöglichkeiten faschistischer Organisationen liefern die sozialen Verhältnisse in der Ukraine. »Der sozial, ökonomisch und politisch katastrophale Zustand der Ukraine«, war nach Eipeldauer, »der eigentliche Ausgangspunkt der Maidan-Bewegung«.[109] Und die rechtsradikalen Gruppierungen konnten diese Unzufriedenheit für sich nutzen. Dazu kamen eventuell die früheren Erfahrungen mit dem Realsozialismus in der letzten Phase der Sowjetunion. Armut, Verelendung, Perspektivlosigkeit machen die Menschen stets für faschistische Ideologien ansprechbar. Die wirtschaftliche Krise der späten Sowjetunion, unter der vor allem die breite Masse zu leiden hatte, setzte sich nach der Systemtransformation in Russland wie in der Ukraine fort, verschärfte sich teilweise noch. Mit dem Zusammenbruch des planwirtschaftlichen Systems kam es zu einer Hyperinflation, die »eine Enteignung der Besitzlosen« verschuldete, »also jener, die nichts haben als die eigene Arbeitskraft und ein Sparbuch«.[110] Die übereilte, planlose Privatisierung führte zum Zusammenbruch zahlloser Betriebe und verschärfte die Arbeitslosigkeit. Gesellschaftliche Güter wurden zu privatem Reichtum cleverer Funktionäre gemacht. Die Transformation geriet zum großen Raubzug. Insgesamt wurden in Osteuropa 60.000 Mittel- und Großbetriebe und außerdem Hunderttausende Kleinunternehmen privatisiert. Ende der 1990er Jahre war die Armut in den Ländern Osteuropas, gemessen an internationalen Kriterien, von vier Prozent auf 45 Prozent angestiegen.[111]

Die ukrainischen Oligarchen verschafften sich die Kontrolle über die Staatsbetriebe durch Aktienanteile

109 Eipeldauer 2014, S. 129.
110 Hofbauer 2014, S. 40.
111 Stiglitz 1999.

 der Privatfirmen, die sie gegründet hatten. Die spätere Privatisierung staatlicher Unternehmen verschaffte ihnen noch mehr produktives Vermögen. Die Regulierungsbehörden steuerten sie nach ihrem Interesse. Damit fehlte der Rahmen für politische Aushandlungsprozesse. Es kam zur Verelendung der breiten Masse. Zeitweise wurden keine Löhne mehr bezahlt. Die Oligarchen tätigten keine produktiven Investitionen, kauften sich aber die Medien. Im Verlauf der 1990er Jahre gelang es, die Wirtschaft etwas zu stabilisieren und die Herrschaft der Oligarchen ein wenig zu zügeln, nachdem die Wirtschaft (gemessen in realem BIP und konstanten Preisen) um fast 60 Prozent geschrumpft war.

Kapitalerträge und höhere Einkommen wurden immer weniger besteuert, ihr Steueranteil an den Haushaltseinnahmen ist stetig gesunken. Die Mehrwertsteuer und die Verbrauchssteuern sind bis heute die wichtigsten Steuern für den Staatshaushalt. Die Steuerbelastung der »kleinen Leute« ist sehr hoch. Die Mehrwertsteuer (20 Prozent) ist höher als die Körperschaftssteuer[112] (18 Prozent).

Eine Belastung für den Staat ist die große Schattenwirtschaft, der man durch Steueramnestie begegnen möchte. Das größte Problem ist die Korruption. Ein Unternehmer mit einem Betrieb in der Ukraine schrieb in einem Leserbrief an die *Süddeutsche Zeitung*: »Die Korruption ist extrem hoch, Staatsorgane werden meines Erachtens im Rahmen von Beziehungsgeflechten zur Durchsetzung der Interessen von kriminellen Clans missbraucht«.[113] Im internationalen Korruptionsindex

112 Körperschaftsteuer (Abkürzung: KSt) ist die Steuer auf das Einkommen von juristischen Personen wie beispielsweise Kapitalgesellschaften. Sie entspräche somit quasi der »Einkommenssteuer« von AGs (Aktiengesellschaft) oder GmbHs (Gesellschaft mit beschränkter Haftung).

113 Siehe https://www.sueddeutsche.de/kolumne/praesident-selenskij-richtige-oder-beschaemende-reaktion-des-bundestags-1.5556115, Zugriff am 27.4.22.

nimmt die Ukraine – knapp vor Russland – eine hintere Mittelposition ein.[114]

Die Lohnquote, ein Indikator für soziale Ungleichheit, bewegte sich von 2007 bis 2018 unter 25 Prozent des BIP, sank zeitweise auf 20 Prozent.[115] Der Pro-Kopf-Anteil am BIP lag zeitweise nur etwas über dem von Südafrika. Der Mindestlohn (1,21 Euro) liegt unter dem offiziellen Existenzminimum. Zu den Schichtdifferenzen kommen enorme regionale Unterschiede. Im Osten der Ukraine zahlten die Firmen 2013 in der Spitze bis zu 400 Euro Monatslohn, ganz im Westen des Landes nur die Hälfte. In der EU befürchtete man damals allein schon deshalb ein Auseinanderbrechen der Ukraine. Eine Grundschullehrerin muss mit 120 Euro monatlich auskommen. Auch Löhne von drei bis vier Euro bleiben hinter den steigenden Lebenshaltungskosten zurück. Die Mindestaltersrente für Personen, die die Mindestversicherungszeit nachweisen können, beträgt seit 2018 40 Prozent des Mindestlohns und liegt bei 55 Euro. Millionen ukrainische Familien leben dürftig von der Bewirtschaftung oder Verpachtung von zwei bis vier Hektar Land. Parzellen dieser Größe sind das Ergebnis der Dekollektivierung der Landwirtschaft. Üblicherweise verpachten die Bauern ihre Felder an Oligarchen oder ausländische Agrarkonzerne. Die Pacht bringt durchschnittlich 150 Dollar pro Jahr.[116]

Die offizielle Arbeitslosenquote erreichte zeitweise neun Prozent. Ohne die enorme Arbeitsmigration wäre sie sicher viel höher. Nach Angaben der Caritas lebten 2008 beinahe 1,3 Millionen Ukrainer und Ukrainerinnen

114 Siehe https://www.transparency.de/cpi/?L=0, Zugriff am 27.4.22.

115 Siehe https://wiiw.ac.at/die-lohnentwicklung-in-den-westbalkanlaendern-moldau-und-der-ukraine-dlp-5021.pdf, Zugriff am 24.11.22, zum Vergleich: in der BRD lag die Lohnquote 2021 bei 71,2 Prozent. Eine Lohnquote von 20 % zeigt an, dass das BIP zu 80 % von Kapitalertägen, Finanztransaktionen, Bodenrenten etc. erwirtschaftet wird.

116 Sämtliche Zahlenangaben bei Rügemer 2022. Zum Vergleich: Die landwirtschaftliche Fläche pro Betrieb liegt in Deutschland bei durchschnittlich 63 Hektar.

in Polen, Tschechien und Südeuropa, vorwiegend beschäftigt auf dem Bau, in der Landwirtschaft und in Privathaushalten und zwei Millionen in Russland. Heute sind es dort nach Kai Ehlers ca. sechs Millionen.[117] Die Weltbank ging 2013 davon aus, dass fast 15 Prozent der ukrainischen Bevölkerung zumindest zeitweise im Ausland gearbeitet hatten.

Die Westorientierung der Ukraine war mit einer Hinwendung zu einer neoliberalen Wirtschaftspolitik und Eingriffen von außen verbunden. Nach der Wahl Juschtschenkos zum Präsidenten 2004 wurde ein auf den Finanzsektor gestütztes Wachstumsregime etabliert. Der Konsum sollte mit Krediten angekurbelt werden. Der IWF, der 2013 um Unterstützung gebeten worden war, verlangte neben der Kürzung der Staatsausgaben eine Heraufsetzung des Rentenalters und die Erhöhung von Massensteuern.

Das Vermögen der zehn reichsten Oligarchen belief sich 2016 auf elf Milliarden US-Dollar und machte 2015 13 Prozent des BIP aus. Das Vermögen der fünf reichsten lag 2016 zwischen 652 Millionen (Firtasch) und 4,1 Milliarden US-Dollar (Achmetow).[118] Alle haben ihr Kapital in einer breiten Skala von Wirtschaftszweigen, aber auch in Medien angelegt. Eine solche Machtkonzentration und soziale Ungleichheit braucht außer der Meinungsmache einen repressiven Staatsapparat. Manche Oligarchen wie Ihor Kolomojskyj leisteten sich eigene bewaffnete Milizen.

Das Aufbegehren der Bevölkerung ließ sich zum einen mit dem wiederholten Versprechen kanalisieren, die Ukraine werde bald Mitglied der EU, und zum anderen dadurch, dass man den Unwillen auf Russland ablenkte. Die 1991 gegründete Sozialnationale Partei der Ukraine (SNPU) erklärte, Russland sei die Ursache aller

117 Siehe https://www.hintergrund.de/politik/welt/ueber-den-beginn-des-ukrainischen-kriegs, Zugriff am 24.11.22.

118 Siehe https://uacrisis.org/de/54793-top-5-ukrainian-oligarchs, Zugriff am 27.04.22.

Probleme.[119] Solch eine Problemverschiebung ist hilfreich für die herrschende Klasse.

Wiederholt hat man bei uns in der Öffentlichkeit beruhigend darauf verwiesen, dass die rechten Kräfte bei den letzten Wahlen nur wenige Stimmen gewinnen konnten. Tatsächlich blieb das Parteienbündnis der Rechtsradikalen mit Swoboda bei der Parlamentswahl 2019 unter fünf Prozent. Die Rechten mussten starke Verluste hinnehmen. 2012 hatte die rechte Partei Swoboda, Nachfolgerin der Sozialnationalen Partei der Ukraine (SNPU), bei der Parlamentswahl in der Westukraine noch ein Viertel der Wählerstimmen gewonnen, bezeichnenderweise in der verarmten Westukraine. Bei der Bewertung der Wahlergebnisse von 2019 muss man beachten, dass der vorher zum Präsidenten gewählte Selenskyj vorgezogene Wahlen dekretiert hatte, und mit ihm verbanden die Wähler aufgrund seiner Wahlversprechen die große Hoffnung auf Korruptionsbekämpfung und Frieden. Er versprach, den Krieg in der Ostukraine zu beenden.[120] Entsprechend groß war der Wahlerfolg seiner neuen Partei Diener des Volkes (43,16 Prozent).

Der politische Einfluss der Rechtsradikalen in der Ukraine ist nicht von der Zahl der Parlamentssitze abhängig. »Auch wenn rechte und rechtsextreme Parteien bei den Wahlen seit 2014 keine nennenswerten Erfolge erzielen konnten, hat nationalistisches Gedankengut in der gesellschaftlichen Auseinandersetzung um den Konflikt im Osten (wie auch bei anderen Themen) erheblichen Einfluss. Es gelingt nationalistischen Akteuren immer wieder, die politische Führung zur Anpassung ihrer Politik zu zwingen«, war 2019 in einer Studie der Stiftung Wissenschaft und Politik zu lesen.[121]

119 *Antifaschistische Infoblatt*, AIB 126/1.2020/06.07.2020.
120 Gehrke/Reymann 2022, S. 21.
121 Fischer 2019.

Den Rechten ist es gelungen, die politische Kultur zu durchdringen und die Institutionen zu erobern. Eine starke Rechtsverschiebung, die zur Veränderung des politischen Klimas führte, erfolgte unter der Präsidentschaft von Wiktor Juschtschenko (2005 – 2010). Er verlieh 2007 dem Anführer des Bataillons Nachtigall, Roman Schuchewytsch, und 2010 Stepan Bandera den Titel »Held der Ukraine«. 2009 hat man eine Briefmarke zum 100. Geburtstag Banderas herausgebracht.

Nach dem Staatsstreich konnte Arsenij Jazenjuk von 2014 bis 2016 sein Amt als Ministerpräsident zur Besetzung einflussreicher Positionen nutzen. Einige Beispiele für die Übernahme wichtiger politischer Schaltstellen durch Faschisten: Olech Machnitzki, Mitbegründer der SNPU, wurde 2014 Generalstaatsanwalt. Oleksandr Sytsch, ebenfalls Mitbegründer der SNPU, wurde zum Vizepremier der Ukraine ernannt. Andrij Parubij von der Partei Swoboda, vorher SNPU, amtierte von 2016 bis 2019 als Parlamentspräsident. Am 2. November 2021 gab der Führer des Rechten Sektors, Dmytro Jarosch, bekannt, dass er zum Berater des Oberkommandierenden der ukrainischen Streitkräfte ernannt worden sei.[122] Ein anderes Beispiel: Im März 2022 wurde Maxim Martschenko, ehemaliger Kommandant des Ajdar-Bataillons, zum Gouverneur der Oblast Odessa ernannt.[123] Amnesty International hat dem Bataillon Kriegsverbrechen vorgeworfen, darunter Entführung, Raub, Misshandlung, Erpressung und vorgetäuschte Hinrichtungen, auch die Blockade humanitärer Hilfe in den »Separatisten-Gebieten«. Selbst Morde wurden Mitgliedern des Bataillons angelastet.[124]

122 Jarosch hat zwei Jahrzehnte lang Nationalisten bei Wehrübungen geschult (Range 2014).

123 Siehe https://www.jungewelt.de/artikel/423833.krieg-in-der-ukraine-blutrausch-folter-lynchjustiz.html

124 Siehe https://de.wikipedia.org/wiki/Bataillon_Ajdar, Zugriff am 28.04.22.

Den Rechten in der Ukraine ist gelungen, was in den 1960er Jahren in vielen Ländern den Linken gelungen war, nämlich die Kultur- und Subkulturszene für sich zu vereinnahmen und damit besonders für Jugendliche attraktiv zu werden. Eine nicht zu unterschätzende Funktion kommt dabei den sogenannten Sozialen Medien zu. Asow ist nicht nur eine Organisation mit einem militärischen Zweig, sondern muss mit 20.000 Anhängern als Bewegung gelten. Asow hat einen Jugendverband und ein Netzwerk von Jugendcamps, betreibt Kampfsportvereine, Buchclubs, soziale Zentren, Tatoo-Studios, aber auch eine Kunstgalerie, so ein Bericht über Recherchen des kanadischen Journalisten Michael Colborne.[125]

Die mit subkulturellen Szenen vertraute Journalistin und Publizistin Susann Witt-Stahl schrieb im Oktober 2022: »Was einst Bands mit manifest nazistischer Ideologie wie *Sokyra Peruna* am rechten Rand der Gesellschaft vorbehalten war, ist längst kommerziell erfolgreicher Pop. So schrieb Swjatoslaw Wakartschuk, Sänger von *Okean Elzy* aus Lwiw, die in der Ukraine als Kultrockband gilt, sogar ein Lied für das Asow-Regiment.« Sie führt noch weitere Beispiele an.[126] Man kann also durchaus von kultureller Hegemonie zumindest in der Jugendkultur sprechen.

Welche Charakterzüge ein politisches System hat, wie es um Rechtsstaatlichkeit und Demokratie steht, zeigt sich an der juristischen und politischen Praxis. Dafür ein paar Beispiele: Bis heute hat die Justiz keine Neigung gezeigt, die Verbrechen aus dem Jahr 2014 aufzuklären, nämlich die tödlichen Schüsse auf dem »Euromaidan«, das

125 Florian Schmid in *junge Welt* v. 16.06.22.

126 »Die Russen verstehen keine andere Sprache« im Online-Magazin *Hintergrund* v. 8.10.22, https://www.hintergrund.de/feuilleton/die-russen-verstehen-keine-andere-sprache/?highlight=Witt%20Stahl

 Massaker von Odessa und das von Mariupol.[127] Wird doch einmal dem Recht Geltung verschafft, bekommt die Justiz den Druck der Straße zu spüren. Als ein gewisser Serhij Sternenko 2021 wegen Entführung und Folter eines Abgeordneten zu sieben Jahren Haft verurteilt worden war, gingen eintausend Nationalisten in Kiew auf die Straße, lieferten sich eine Straßenschlacht mit der Polizei und forderten seine Freilassung.[128]

Welche Regierung bombardiert eigenes Staatsgebiet? Ziehen wir einen Vergleich! Der Konflikt mit der Bevölkerung des Donbass zeigt einige Parallelen mit dem Nordirlandkonflikt. Dort hat Großbritannien zwar Militär und Geheimdienste eingesetzt. Aber es ist schwer vorstellbar, dass man Angriffe auf katholische Stadtviertel geflogen hätte. Mit einem Rechtsstaat unverträglich ist die Praxis, eine Liste von Personen aus dem In- und Ausland anzulegen und zu verbreiten, die des Defätismus verdächtigt werden und als »Feinde der Ukraine« gelten. Die im Internet zugängliche Liste Mirotworets oder Mirotworez, deutsch Friedensstifter,[129] umfasst vor allem ukrainische Regimekritiker, aber auch Menschen aus anderen Ländern, darunter Journalisten, und wird vom gleichnamigen Zentrum verwaltet, das Verbindungen zum ukrainischen Geheimdienst SBU und zum Innenministerium hat. Insgesamt umfasste die Liste im Januar 2022 über 187.000 Namen. Manche der Aufgelisteten haben über Todesdrohungen geklagt.[130] Nicht selten kamen welche, kurz nachdem sie in die Liste aufgenommen worden waren, zu Tode. So

127 Am 02.05.2014 stürmten Anhänger des Rechter Sektors und andere bewaffnete Milizen aus Kiew das Gewerkschaftshaus in Odessa. Es gab je nach Quelle 40 bis 60 tote Prostestierende. Am 09.05. 2014 beschossen Paramilitärs in Mariupol eine Demonstration zum »Tag des Sieges« von 1945. Sieben Menschen wurden getötet, 39 verletzt.

128 Heyden 2022, S. 119.

129 Siehe https://myrotvorets.center/criminal

130 Siehe https://de.wikipedia.org/wiki/Mirotworez, Zugriff am 24.11.22.

zum Beispiel im Jahr 2015 der Journalist Oles Busyna[131]. Er wurde auf offener Straße unweit seines Kiewer Wohnhauses erschossen. Ebenso erging es dem Anti-Maidan-Aktivisten Oleh Kalaschnikow.

Aufrufe zur Denunziation schaffen ein Klima der Unsicherheit. Ein Mann, genannt Alex, mit dem eine Frau aus Deutschland Kontakt hat, hat Angst, dass er wegen seines russischen Passes denunziert und geschnappt werden kann. Er erzählt: »In Kiew gibt es überall große Schilder mit der Aufschrift ›Liefere den Feind – hier!‹ und einem QR-Code, den man mit dem Handy herunterladen kann … Menschen werden verhaftet und viele kehren nicht zurück.«[132]

Putins Aussagen zur »Entnazifizierung« der Ukraine werden von Kritikern zu Recht als geschichtsvergessen kritisiert. Aber die meist damit verbundene Beteuerung, es gebe dort keine nennenswerte Gefahr von rechts, ist absurd und zielt auf die Beruhigung des deutschen Publikums.

131 Siehe https://www.wikiwand.com/de/Oles_Busyna
132 Siehe https://www.nachdenkseiten.de/?p=91331#note_1, Zugriff am 9.12.22.

64 Ein Angriffskrieg, aber kein Vernichtungskrieg

Kein Angriffskrieg ist zu rechtfertigen. Im Folgenden soll aber verdeutlicht werden, dass die Kriegsführung Russlands auf Schonung von Leib und Leben der Zivilbevölkerung bedacht war, so gewiss die Armee in der zweiten Phase des Kriegs gezielt und massiv deren Lebensstandard durch Zerstörung der Infrastruktur beeinträchtigte. Es kann nicht darum gehen, diesen Krieg zu rechtfertigen, sondern es geht uns darum, die Maßstäbe zurechtzurücken, die in der westlichen Propaganda stark verrückt worden sind. Als das EU-Parlament am 23. 11. 2022 mehrheitlich Russland als einen »terroristische Mittel« nutzenden Staat einstufte, hätte es auch die USA so einstufen müssen. In den Medien ist sogar von einem »Vernichtungskrieg« von Seiten Russlands die Rede.[133] Um die Maßstäbe zurechtzurücken, werden wir exemplarisch den Vergleich mit den US-geführten Kriegen heranziehen. Mit einer Chronologie des Kriegsverlaufs wollen wir außerdem daran erinnern, dass die westlichen Politiker keine Verhandlungen wollten. Indem sie die Anläufe dazu, die es bald nach dem Angriff gab, stoppten, haben sie die Zerstörung der Ukraine in Kauf genommen. Wir nehmen an, dass die russische Kriegsführung in der zweiten Phase des Krieges durch schrittweise Zerstörung von Infrastruktur die Verhandlungsbereitschaft der ukrainischen Führung erzwingen wollte. Ein Einfrieren des Konflikts bei Absicherung der eroberten Gebiete lag von da an im Interesse Russlands. Am Anfang hatte der Überraschungsangriff möglicherweise noch auf einen Regime Change in Kiew abgezielt.

133 Wiegel 2022.

Genaueres darüber wird sich erst später nach Öffnung der Archive sagen lassen.

Der Angriff auf die Ukraine kam für die Öffentlichkeit auf beiden Seiten überraschend. Russland hatte lange Zeit eine Appeasementpolitik betrieben. Als die Führung der »Volksrepublik« Donezk nach wochenlangem Beschuss der damals von ihr kontrollierten Stadt Slawjansk das Referendum über die Unabhängigkeit durchführen ließ, sprach sich Putin öffentlich gegen diese Abstimmung aus.[134] Aus den Gesprächen, die Ulrich Heyden wiederholt mit Kämpfern der Volksrepubliken geführt hat[135], lässt sich auch schließen, dass Moskau stets auf Einhaltung der Minsker Abkommen gedrängt hat. Dem Drängen der Falken im eigenen Lager nach einer Militärintervention gab Putin lange Zeit nicht nach.

Um den Kriegsverlauf zu vergegenwärtigen im Folgenden eine Chronologie. Und eine Vorbemerkung zur militärischen Stärke der Gegner: Die Ukraine hatte mit 5,9 Prozent des BIP eines der – prozentual – größten Militärbudgets weltweit. Auch die Truppenstärke war selbst im Vergleich zu NATO-Staaten überdurchschnittlich.[136] 2014/15 war die ukrainische Armee trotzdem nicht sehr kampfstark gewesen, was sich bei der ersten Operation gegen die »Separatisten« zeigte. Damals erlitt sie zweimal eine Niederlage im Kampf gegen Freiwilligenverbände (siehe oben). Seitdem aber hatten die USA drei Milliarden Dollar in die Ausrüstung und Ausbildung der ukrainischen Streitkräfte investiert. NATO-Offiziere bildeten zig Tausende ukrainische Soldaten aus.[137] Russland war der Ukraine an Truppenstärke, an verfügbaren schweren Waffen und vor allem, was die Luftwaffe angeht,

134 Harald Projanski in der *jungen Welt* v. 19./20.3.2022, S. 12.

135 Heyden 2022.

136 Rügemer 2022.

137 *Neue Züricher Zeitung* v. 15.3.22, Zum Erfolg der Armee trägt auch der Oberbefehlshaber bei.

zum Teil weit überlegen. Dazu kommt das nukleare Drohpotential. Die Invasionsarmee umfasste aber nicht mehr als 190.000 Soldaten, was eine beschränkte Operation vermuten ließ.

- Am **24. Februar 2022** stoßen russische Verbände von Norden, Osten und Süden auf Kiew vor. Die südliche Marschkolonne kommt durch Attacken auf Truppenteile ins Stocken. Eine Luftlandeoperation auf dem Flughafen Hostomel im NW von Kiew scheitert. Raketenangriffe treffen vorwiegend militärische Einrichtungen. Selenskyj meldet am Angriffstag 137 Tote und 316 Verletzte.[138] Russische Einheiten besetzen Vororte und Satellitenstädte von Kiew.
- **25.02.:** Ein Sprecher des ukrainischen Präsidenten signalisiert Gesprächsbereitschaft.
- **28.02.:** In zwei Städten werden Wohngebiete und bei Kiew eine Klinik von Raketen getroffen.
- **01.03.:** In Mariupol werden mehr als 100 Zivilisten bei Kämpfen und durch Raketenangriffe verletzt.
- **03.03.:** In Belarus vereinbaren die Kriegsparteien humanitäre Korridore.
- **06.03:** Der US-Kongress genehmigt 6,5 Mrd. Dollar für Waffenlieferungen an die Ukraine.
- **09.03.:** Der russische und der ukrainische Außenminister treffen in Antalya zu Gesprächen zusammen.
- **11.03.:** Die Regierungschefs der EU-Staaten einigen sich auf weitere Militärhilfe von 500 Mio. Euro, und Biden gibt 250 Mio. Dollar für Waffenlieferungen frei.
- **15.03.:** 20.000 Bewohner Mariupols können die Stadt über einen Fluchtkorridor verlassen.

138 Siehe https://www.bpb.de/themen/europa/ukraine-analysen/nr-265/506913/chronik-24-februar-bis-1-maerz-2022/ Zugriff am 25.11.22. Ob Zivilisten oder Militär, lassen die Angaben offen. Bei der folgenden Chronik haben wir uns ab die Kalenderdaten auf folgender Website gehalten: https://www.laender-analysen.de/ukraine-analysen/chronik?c=ukraine&d1=2022-03-10&d2=2022-11-14, Zugriff am 25.11.22.

- **26.03.:** Es sind zehn humanitäre Korridore für die Regionen Donezk, Kiew und Luhansk vereinbart worden. In Mariupol wurden durch die Bombardierung und die Kämpfe 90 Prozent des Wohnungsbestands - 2.600 Häuser - beschädigt. In der Stadt Charkiv sind insgesamt 1.410 Gebäude zerstört worden, darunter 53 Kindergärten, 69 Schulen und 15 Krankenhäuser.
- **30.03.:** Die seit Anfang März laufenden Verhandlungen zwischen der russischen und ukrainischen Delegation wecken gewisse Hoffnungen. Russland sagt eine militärische Deeskalation zu.
  Das russische Verteidigungsministerium kündigt den Truppenabzug aus einigen Regionen, darunter die um Kiew an.
  Die Ukraine zeigt sich bei Sicherheitsgarantien einiger Staaten für den Status der Neutralität offen. Man vereinbart ein weiteres Treffen.
- **01.04.:** Die russischen Truppen ziehen sich aus der Region Kiew zurück. Die Präsidentin des EU-Parlaments spricht mit ukrainischen Beamten über die europäische Integration der Ukraine.
- **03.04.:** Auf einer Straße im Kiewer Vorort Butscha werden zahlreiche Leichen entdeckt. In den Vortagen war nichts von Gräueltaten bekannt geworden. Im Laufe der Zeit werden über 450 Erschossene in der Umgebung gefunden. Das Massaker empört die Weltöffentlichkeit.
  Der Antrag Moskaus auf eine Sitzung des UN-Sicherheitsrats wird abgelehnt. Beschuldigt werden russländische Soldaten. Es wird nicht nach allen Richtungen ermittelt.
- **05.04.:** Präsident Selenskyj beruft eine Delegation ein, die ein Abkommen über Sicherheitsgarantien für die Ukraine entwerfen und mit Russland vereinbaren soll.
- **08.04.:** EU-Kommissionspräsidentin von der Leyen versichert Selenskyi, die Ukraine gehöre zur »europäischen Familie«.
- **09.04.:** Der britische Premier Boris Johnson reist unvermittelt zu Gesprächen nach Kiew. Er kündigt neue Militärhilfe an.
  Er wird am **17. Juni** und am **24. August,** dem Unabhängigkeitstag der Ukraine, nochmals auftauchen.
- **12.04.:** Auf einer Pressekonferenz teilt Wladimir Putin mit, dass die Friedensgespräche mit der Ukraine sich aktuell »in einer Sackgasse« befänden.

- **13.04.:** Die Militärhilfen der EU belaufen sich inzwischen auf 1,5 Mrd. Euro.
- **18.04.:** Der Kommandant des Asow-Bataillons, das sich im Stahlwerk verschanzt hat, fordert die internationale Gemeinschaft dazu auf, mehrere Hundert Zivilisten, die in den Bunkern des Stahlwerks Schutz gesucht hatten, zu evakuieren. Einige beschuldigen das Bataillon später der Geiselnahme. Flüchtende, mit denen der Filmemacher Guillermo Quintero in Mariupol spricht, erzählen, dass sie von Kämpfern der Asow-Bataillons beraubt oder angegriffen wurden.[139]
- **22.04.:** Nach Aussage des Kommandanten des Zentralen Russischen Militärbezirks strebt die Russische Föderation die Kontrolle über den Donbass und den Süden der Ukraine an.
- **03.05. bis 07.05.:** Russische Truppen erstürmen das Stahlwerk von Mariupol. 1000 Zivilisten können evakuiert werden.
- **21.06.:** Die Bundesregierung bilanziert ihre Militärhilfe für die Ukraine. Dazu gehören die Flugabwehrkanonenpanzer Gepard, das Flugabwehrsystem IRIS-T SLM und gepanzerte Mannschaftstransporter. Panzerhaubitzen sind schon im Einsatz.
- **23.06.:** Zwölf HIMARS-Raketenartilleriesysteme sind in der Ukraine eingetroffen. Einen Monat später werden die USA zwanzig dieser Raketenartilleriesysteme und außerdem Mehrfachraketenwerfer zusagen.
- **29.07.:** Russische Medien melden, dass die ukrainische Armee ein Kriegsgefangenenlager angegriffen hat. 53 Kriegsgefangene, vor allem aus dem Asow-Regiment, wurden getötet.
  Die UN kündigen später eine Untersuchung an.
- **06.08.:** Der Leiter der Internationalen Atomenergiebehörde (IAEA) warnt nach Beschuss der Atomkraftwerks von Saporischschja vor einer nuklearen Katastrophe.
- **08.08.:** In der von Russland besetzten Stadt Melitopol, Region Saporischschja, wurden mehrere militärische Ziele mit HIMARS-Raketenwerfen angegriffen.

139 *Im zerstörten Mariupol*, in: *junge Welt* v. 8.4.22.

- **09.08.:** Die ukrainische Armee beschießt einen Luftwaffenstützpunkt auf der Krim.
- **27.08.:** Das britische Verteidigungsministerium teilt mit, dass Großbritannien der Ukraine Unterwasserdrohnen zur Verfügung stellen wird. Die Ausbildung ukrainischer Marineangehöriger habe bereits begonnen.
- **08.10.:** Mit einem Anschlag auf die Krim-Brücke wurde die Eisenbahn- und Straßenverbindung auf die Krim unterbrochen. Es werden drei Tote gemeldet. Russland wird später den ukrainischen Militärgeheimdienst dafür verantwortlich machen. Mitte Oktober ist die Brücke wieder befahrbar.
- **29.10.:** Die Ukraine greift mit Unterwasserdrohnen Schiffe der russischen Schwarzmeerflotte im Hafen von Sewastopol an, wobei sie den für die Getreidetransporte vereinbarten Korridor missbraucht. Militärexperten vermuten die Beteiligung von britischen Spezialisten.
- **01.11.:** Die russische Armee evakuiert erst Cherson und dann Menschen aus Ortschaften auf der Westseite des Dnepr und bereitet den Rückzug auf die Ostseite vor.
- **09.11.:** Der russische Verteidigungsminister kündigt den Abzug der Truppen aus Cherson und vom westlichen Ufer des Dnepr an.
  Am **11. November** verlassen die Russen die Stadt.
  Gleichzeitig beginnen die Angriffe auf die Infrastruktur der Ukraine mit Raketen und Drohnen, wodurch nach Angaben des ukrainischen Staates mindestens ein Drittel der ukrainischen »Stromanlagen« zerstört wird.
- **15.11.:** Bei einem der massivsten russischen Raketenangriffe werden nach ukrainischen Angaben unter anderem fünfzehn Standorte der Energieinfrastruktur des Landes getroffen.
  Die Energieversorgung ist kritisch.

Erstens: Wenn man sich die Zahlen der zivilen Opfer in den ersten Kriegstagen ansieht, dann muss man den russischen Angriff als schonend beurteilen, vor allem wenn man Vergleiche mit US-geführten Angriffskriegen heranzieht. Rufen wir uns den ersten Irakkrieg von 1991 in Erinnerung, bei dem eine US-geführte Allianz den Rückzug des Irak aus Kuweit erzwang! In einem Artikel der Bundeszentrale für politische Bildung wird festgehalten: »Bei ihrem Rückzug wurden die irakischen Streitkräfte auch auf irakischem Gebiet massiv aus der Luft bombardiert, mutmaßlich mehrere zehntausend irakische Soldaten kamen dadurch ums Leben. Ein unabhängiges Internationales Komitee zur Untersuchung von Kriegsverbrechen, einberufen vom ehemaligen Justizminister der USA, Ramsey Clark, und 22 Vertretern aus 18 Staaten, kam später zu dem Schluss, dass die USA in 19 Punkten gegen Internationales Recht verstoßen hätten: etwa wegen des Einsatzes von verbotenen Massenvernichtungswaffen und von uranhaltigen Geschossen.«[140] Ramsey Clark hat die USA in einer Publikation außerdem beschuldigt, gezielt Schulen, Krankenhäuser und Staudämme angegriffen zu haben.[141] Pro Tag wurden 1000 Luftangriffe geflogen. Ein Bericht der NGO Medact geht von bis zu 200.000 militärischen und zivilen Todesopfern aus, die während der Kampfhandlungen getötet wurden oder an den Folgen gestorben sind. Nach Ansicht des UN-Beauftragten und späteren Friedensnobelpreisträgers Martti Ahtisaari sei das Land in ein »vorindustrielles Zeitalter« zurückgebombt und »die meisten Mittel moderner Lebenshaltung zerstört oder geschwächt worden«.[142] Im zweiten Irakkrieg sollen 27.000 Bomben im

140 Siehe https://www.bpb.de/kurz-knapp/hintergrund-aktuell/210410/der-zweite-golfkrieg, Zugriff am 28.11.22.

141 Clark 1993, S. 103.

142 Siehe https://www.bpb.de/kurz-knapp/hintergrund-aktuell/210410/der-zweite-golfkrieg

März/April 2003 auf irakische Städte abgeworfen worden sein.[143] Später wurden die Städte Falludscha und Mossul, wo sich Terrormilizen des IS verschanzt hatten, dem Erdboden gleichgemacht.

Im Luftkrieg gegen Jugoslawien zerstörte oder beschädigte die NATO 60 Brücken, 110 Krankenhäuser, 480 Schulen, 365 Klöster, das Fernsehzentrum, die Strom- und Wasserversorgung, 121 Industriebetriebe. Als Kriegsverbrechen gilt neben dem Einsatz von über 30.000 Urangeschossen an über 80 Orten die vorsätzliche Bombardierung der großen Chemiezentren. Schon in der ersten Kriegsnacht bombardierte man ungeachtet des Austritts giftiger und krebserregender chemischer Verbindungen Chemie- und Petrochemiewerke in einem Vorort von Belgrad.

Doug McGregor, ehemaliger Pentagon-Berater: »Als sie [die Russen, G. A.] in die Ukraine einmarschierten, war es, als hätten sie eine Hand auf dem Rücken festgebunden. Sie nutzten nie mehr als 20 Prozent ihrer Bodentruppen, bei anfänglich 110.000 Soldaten in der Ukraine. Und im August verlegten sie sich ganz auf die Defensive. Und dabei ist es geblieben: die Stellung konsolidieren ...«[144]

Zweitens: Immer wieder konnten mit der russischen Armeeführung humanitäre Korridore vereinbart werden. Die Vorwürfe, die von der Ukraine bei der Schlacht um Mariupol erhoben wurden, dass die russische Armee Fluchtwege verhindere, konnten nicht bestätigt werden. Stattdessen wurden mehrfach Angehörige des radikalen Asow-Bataillons dessen verdächtigt.

143 *junge Welt* v. 5./6.7.2014.
144 Siehe https://www.nachdenkseiten.de/?p=90830, Zugriff am 26.11.22.

 Drittens: Im April wurden die durchaus nicht aussichtslosen Verhandlungen zwischen der russischen und der ukrainischen Delegation, die zumindest fürs erste einen Waffenstillstand hätten bringen können, von den USA und Großbritannien torpediert. Der ehemalige Pentagon-Berater Doug McGregor lässt im Gespräch mit dem Journalisten Aaron Maté folgende Aussage unwidersprochen: »Ich meine, wir wissen von Fiona Hill [Expertin für russische Beziehungen unter Präs. Bush, Obama, Trump, Anm. G. A.], dass nach offiziellen Angaben Ende April ein Entwurf für ein Friedensabkommen existierte. Sie erklärte nicht, was diesen Plan vereitelt hat, aber Putin behauptet, und die ukrainischen Medien berichten gestützt auf Selenskyj-nahe Quellen, dass der damalige britische Premierminister Boris Johnson nach Kiew kam und Selenskyj wissen ließ, dass der Westen seine Unterstützung für die Ukraine beenden werde, falls er ein Friedensabkommen mit Russland schließen sollte. Er befahl ihm also de facto, weiterzukämpfen, und Selenskyj gehorchte.«[145] Im britischen *Guardian* vom 28. April 22 wurde diese Einschätzung voll bestätigt.[146] In der Folgezeit nahmen die Waffenlieferungen seitens der USA und anderer NATO-Staaten einschließlich Deutschlands massiv zu. Bis November 2022 haben die USA, ab dem Amtsantritt Bidens im Januar 2021 gerechnet, 19,7 Mrd. Dollar an Militärhilfen geleistet.[147] Ausbildungsprogramme für große Kontingente ukrainischer Armeeangehöriger machten Länder wie Großbritannien nach Einschätzung von Völkerrechtlern quasi zur Kriegspartei. Ungeachtet dessen zeigte sich Russland weiter gesprächsbereit und nutzte die Kanäle der Geheimdiplomatie.

145 Siehe https://www.nachdenkseiten.de/?p=90830, Zugriff am 26.11.22.

146 Liz Truss risks recklessly inflaming Ukraine's war to serve her own ambition. *The Guardian*, 28.4.2022, *theguardian.com*.

147 Meldung in *junge Welt* v. 25.11.22.

Viertens: Als keine Aussicht bestand, dass die ukrainische Führung in absehbarer Zeit wieder zu Verhandlungen bereit sein könnte, sicherte Russland die bereits kontrollierten Gebiete und stellte sich auf einen Abnutzungskrieg ein. Mit Angriffen auf die ukrainische Infrastruktur sollte der Feind mürbe und verhandlungsbereit gemacht werden. Aufschlussreich ist, dass es in den Meldungen der ukrainischen Nachrichtenagentur oft hieß, es seien »*auch* Wohngebäude« getroffen worden. McGregor: »Die Russen haben nicht absichtlich Zivilisten als Ziel ausgewählt – umgekehrt jedoch gibt es eine Menge Beweise, dass der amerikanische HIMARS-Raketenwerfer von den Ukrainern wissentlich zum Angriff auf Zivilisten in Donezk, Luhansk, der Krim und anderen Orten eingesetzt wurde.«

Mitte November 2022 plädierte der Generalstabschef der USA dafür, man solle die Ukraine zu Verhandlungen mit Russland drängen.[148] Einen Sieg, wie von der ukrainischen Führung anvisiert, hielt er für unwahrscheinlich. Der deutsche Ex-General Erich Vad teilte in einem Interview am 24. November 2022 diese Ansicht. Es gebe »keine militärische Lösung in diesem Krieg«. »Wir können nur über Verhandlungen da raus.« Die Alternative sei ein Abnutzungskrieg wie im Ersten Weltkrieg mit unzähligen Toten. Er verwies auch auf die Folgen für Europa, den globalen Süden und nicht zuletzt für die Ukraine selbst.[149] Bei den Politikern stießen die Generäle vorerst auf taube Ohren. McGregor sprach von einer »einzigartigen Situation, in der die Militärs in stärkerem Maße als die US-Diplomaten zur Diplomatie drängen«.

148 Siehe https://www.heise.de/tp/features/US-Generalstabschef-Milley-Am-Ende-des-Tages-wird-es-eine-politische-Loesung-geben-7343512.html?seite=all, Zugriff am 28.11.22.

149 Siehe https://www.n-tv.de/mediathek/videos/politik/Ukraine-Krieg-General-a-D-warnt-vor-falschen-Schluessen-ging-nie-um-Sieg-ueber-Russland-article23740490.html, Zugriff am 24.11.22.

74 Bilanz des Krieges für die Ukraine bis 21. November 2022 nach Zählung des UN-Hochkommissariats für Menschenrechte: 6.180 Tote und 9.434 Verletzte aus der Zivilbevölkerung.[150] Die 13.000 Toten aus dem Donbass werden von den UN interessanterweise Russland zugerechnet. Die Höhe der Verluste der ukrainischen Truppen wird als Militärgeheimnis behandelt. Anfang November 2022 schätzte der US-Generalstabschef Milley die Verluste auf bis zu 100.000 Mann.

150 Siehe https://de.statista.com/statistik/daten/studie/1297855/umfrage/anzahl-der-zivilen-opfer-durch-ukraine-krieg, Zugriff am 1.12.22.

Verlierer und (mögliche) Gewinner

Jeder Krieg hat Verlierer und Gewinner. Die bekanntesten Gewinner sind die Aktionäre der Rüstungsindustrie und der Wirtschaftszweige, die für die Ausstattung der Truppen zuständig sind. Sie verstehen es, die Quelle ihrer Gewinne, den Krieg, zu fördern und ihn als humanitäre Intervention oder eben als Kampf gegen Autokratie oder was immer zu verkaufen. Aber die ganze Wirtschaft, genauer das Kapital, gewinnt letztlich bei einem Sieg durch den Raub von Rohstofflagern und die Eroberung von Absatzmärkten. Selbst nach einer Niederlage kann ein Krieg durch die Geschäfte beim Wiederaufbau profitabel werden. Die große Masse der Bevölkerung ist immer der Verlierer, und zwar auf beiden Seiten. In ihrer Bilanz stehen die toten und verletzten Angehörigen und Freunde, monatelange Ängste, vielfach der Verlust der Wohnung und des Wohnumfelds, Flucht, Inflation und Teuerung.

Von den Verlierern in Russland wissen wir fast nichts. Die großen Verlierer auf beiden Seiten sind die Männer und Frauen, die an die Front geschickt worden sind. Wenn sie dem Tod entrinnen, sind sie meist traumatisiert, wie man von Veteranen des Vietnam-Kriegs weiß. Wir haben dazu keine aktuellen Zeugnisse. Aber der russische Romancier Michail Scholochow (geb. 1905), der als Jugendlicher im Revolutionskrieg gekämpft hat, führt uns in seinem Roman »Der stille Don« vor Augen, was der Krieg mit denen macht, die ständig mit dem Tod konfrontiert sind und zwangsläufig zu Mördern werden. Einer der Protagonisten versucht seiner Frau seine Unnahbarkeit und Kälte verständlich zu machen. »Ich kann dich nicht trösten. Ich bin mit fremdem Blut so von oben bis unten befleckt, dass für niemanden auch nur ein Tropfen Mitleid übrig geblieben ist ...

Der Krieg hat mich vollkommen ausgepumpt. Ich bin mir selbst zum Schrecken geworden.«[151] Schon vorher liest man an anderer Stelle: »Grigori beobachtete mit Interesse, wie die Kameraden seiner Abteilung sich veränderten.«

Wenn wir den Blick auf die ukrainische Zivilbevölkerung richten, dann gilt die Aufmerksamkeit verständlicherweise nach den schon gezählten Kriegstoten zunächst den Geflüchteten. Anfang November 2022 waren über 8 Millionen in Europa als Flüchtlinge registriert, darunter 2,8 Millionen in Russland.[152] In Deutschland hatten zu diesem Zeitpunkt über eine Million Zuflucht gefunden. Innerhalb der Ukraine sind gleich zu Beginn des Krieges rund 6,5 Millionen vor den russischen Invasoren, Bomben und Raketen in den Westen des Landes geflohen. So viele Binnenflüchtlinge wurden auch Ende Oktober gezählt. Dazwischen gab es im April/Mai 2022 eine höhere Fluchtwelle. 2021 hatte die Ukraine eine Einwohnerzahl von 43,8 Millionen. Somit waren Ende 2022 rund 30 Prozent der Bevölkerung im In- und Ausland auf der Flucht. 800.000 Menschen hatten durch die Kriegshandlungen ihre Wohnung verloren, und zwar vor allem in den Oblasten Tschernihiw im Norden und Charkiw und Donezk im Osten, wo viele vermutlich schon vor dem russischen Angriff von der ukrainischen Armee »ausgebombt« worden waren.

Die humanitäre Situation der Binnenflüchtlinge wird durch die ukrainische Wohnungspolitik verschärft, die wie alle politischen Ressorts völlig der neoliberalen Agenda folgt. Die Eliten verkleiden ihre Verantwortungslosigkeit ideologisch als Marktradikalismus. Der gemeinnützige

151 *Der stille Don, zweiter Band.* Bertelsmann Lesering o.J., S. 296. Erstveröffentlichung 1928.
152 Siehe https://mediendienst-integration.de/migration/flucht-asyl/ukrainische-fluechtlinge.html, Zugriff am 29.11.22. Von der Quelle werden neben 7,8 Mio. für »Europa« noch 466.000 für GB, Italien und Spanien aufgeführt.

Wohnungsbestand wurde in den 1990er Jahren privatisiert. Die noch vorhandene staatliche Wohnbaugesellschaft ist untätig oder hilflos. Eingriffe in den Wohnungsmarkt sind verpönt. Es gibt kein Wohnungsbauprogramm. Stattdessen will man nach westlichem Vorbild die Schaffung von Wohnungseigentum durch Subventionen fördern, was angesichts des Lohnniveaus der Ukraine aussichtslos ist. »Die gegenwärtige Wohnungspolitik in der Ukraine kümmert sich nicht um den Bedarf der Menschen, der durch den Krieg komplexer geworden ist«, so die Soziologin Alona Liasheva aus Lwiw.[153] Die Regierung war auch nicht in der Lage, Sammelunterkünfte zu bauen. So sind die geflüchteten Familien auf die Hilfe und Solidarität von Privaten, Vereinen und Hilfsorganisationen angewiesen – in dem herrschenden Gesellschaftssystem ein Glücksspiel. In der Westukraine sind die Mieten explodiert. Gebietsweise wurden sie um über 100 oder sogar über 200 Prozent erhöht, was neue Wohnungslose schafft.

Unerträglich wurde der Alltag für die Menschen, darunter die Kinder, als die Infrastruktur, schonungslos den russischen Raketen ausgeliefert, zunehmend zerstört wurde und die Haushalte ohne Strom und Heizung der winterlichen Kälte ausgesetzt waren. Oft gab es auch kein Wasser. Die Bevölkerung war nicht nur dem Raketenbeschuss, sondern auch einer politischen Führung ausgeliefert, die nicht an Waffenstillstand dachte, sondern auf die militärische Wehrlosigkeit stattdessen mit Sprüchen vom großen Sieg reagierte.

Generell kann man sagen: Der Krieg verschärft die Not, unter der die breite Masse in der Ukraine schon seit langem leidet. Die Arbeitsmigration – seit den Nuller Jahren waren circa fünf Millionen Ukrainer als

153 Siehe https://laender-analysen.de/ukraine-analysen/271/wohnraum-und-krieg-in-der-ukraine, Zugriff am 29.11.22

 Arbeitsmigranten unterwegs[154] – war auch schon eine Flucht, Flucht vor der Armut. Die Erwerbslosigkeit wurde durch den Boykott gegen Russland verschärft, der mehrere hunderttausend Arbeitsplätze kostete. Dass der Krieg von der Regierung zur Rechtfertigung des neuen Arbeitsrechts genutzt wurde, das die Rechte der Arbeitnehmer fast auf Null reduziert, ist eine Pikanterie am Rande.[155]

Es braucht nicht viel Fantasie, sich vorzustellen, welche Folgen zum Beispiel die Zerstörung der Infrastrukturen durch den Krieg in einem solchen sozialen Entwicklungsland haben wird. Das Gesundheitswesen ist desolat. Wer es sich leisten kann, hat die Wahl, eine Privatklinik aufzusuchen. Ein Gesetz zur Krankenversicherung gibt es bisher nicht. Sozialpolitik ist Fehlanzeige. Die Auflagen des IWF bei der Kreditvergabe beinhalteten die Kürzung von Sozialleistungen, außerdem die Erhöhung der kommunalen Gebühren für Wasser und Abwasser.

Schauen wir uns nun die Gewinner oder möglichen Gewinner an! Die Rüstungsindustrie kann sich nicht nur wegen der kriegsbedingten Nachfrage beglückwünschen. Vor allem werden die Sektkorken auf den Chefetagen geknallt haben, als der Bundestag im Februar 2022 dem »Sondervermögen« von 100 Milliarden Euro für die Bundeswehr zustimmte, damit diese in den nächsten Jahren mehr Investitionen und Rüstungsvorhaben realisieren kann. Die von der NATO gewünschte Zwei-Prozent-Marke (zwei Prozent vom BIP) soll nun verbindlich erreicht werden. Darüber hinaus ist anzunehmen, dass man von jetzt an überhaupt das Mittel der Akkumulation durch Militarisierung wählt, um die jahrzehntelange »Akkumulationsflaute«[156] zu überwinden.

154 Rügemer 2022.
155 Reinhard Lauterbach: *Beschäftigte entrechtet.* In: *junge Welt* v. 30.8.22.
156 Zinn 2015.

Die Begehrlichkeit anderer potentieller Gewinner ist auf die Ukraine gerichtet. Die dortigen Lohnkosten, arbeitsrechtlichen Regelungen und Gewerkschaftsrechte lassen jedes Unternehmerherz höher schlagen. Dazu kommen die schon vorgenommenen und noch zu erwartenden Steuererleichterungen. Denn was bisher schon IWF und Weltbank durchgesetzt hatten, das bekräftigten die Teilnehmer der Ukraine Recovery Conference (URC) Anfang Juli 2022. Die von Vertretern der USA, der EU, Großbritanniens, der Schweiz, Japans und Südkoreas verabschiedete Agenda atmet ganz den Geist neoliberaler Politik. Im Fokus ist die »Stärkung der Marktwirtschaft«.[157] Dazu sollen eine weitere Privatisierung, Deregulierung und Dezentralisierung beitragen. Auch eine Energiereform, eine Steuer- und Zollreform und eine »Landreform« werden verlangt. Im September 2017 hatte die EU bereits ins Assoziierungsabkommen mit der Ukraine solche Strukturreformen hineindiktiert, unter anderem auch die Sparpolitik der öffentlichen Hand, die Abschaffung von Staatshilfen, die Liberalisierung der öffentlichen Einrichtungen und die Legalisierung des »Lobbying«. Der Wiederaufbau der Ukraine wird zum Unternehmerparadies werden, das auch dank der »schrittweisen Liberalisierung der grenzüberschreitenden Erbringung von Dienstleistungen« (Assoziierungsabkommen, Art. 96).[158]

Die amerikanische Handelskammer, auch zuständig für die Beziehungen zwischen den USA und der Ukraine, der US-Ukraine Business Council und die European Business Association haben neben dem IWF seit 2014 die Prioritäten der ukrainischen Wirtschaftspolitik bestimmt.[159]

157 Roberts 2022.

158 Pierre Rimbert; *Kiews falsche Freunde.* In: *Le Monde diplomatique* (dt.) Oktober 2022, S. 4 und Assoziierungsabkommen EU-Ukraine: https://eur-lex.europa.eu/legal-content/DE/TXT/PDF/?uri=CELEX:22014A0529(01)&from=DE, abgerufen am 6.12.2022.

159 Olga Baysha in *The Gray Zone*, übersetzt und übernommen von »Nachdenkseiten« https://www.nachdenkseiten.de/?p=83634, abgerufen am 9.5.22.

Schon bisher ließen westliche Konzerne in ukrainischen Betrieben – die meisten haben nicht mehr als 250 Beschäftigte – Kleider nähen, Schuhe fertigen und Autoteile montieren. Nach Rügemer gibt es etwa 2.800 offiziell registrierte Textilunternehmen in der Ukraine.[160] Die meisten agieren als billige Zulieferer, produzieren oft nur Halbfabrikate zur Weiterverarbeitung in EU-Ländern der Peripherie. Auch in sogenannten Sweat Shops nähen Frauen für einen Hungerlohn. Die Arbeiterinnen und Arbeiter in der Ukraine sind also nicht verwöhnt.

Auch für den hierzulande ständig beklagten Facharbeitermangel eröffnet eine stärkere Anbindung der Ukraine neue Möglichkeiten. Disziplin plus Fachlichkeit plus europäische Sozialisation sind optimal. In Expertisen wird der relativ hohe Qualifikationsstandard ukrainischer Arbeitskräfte betont.

Agrarinvestmentgesellschaften, Saatgut- und Düngemittelhersteller richten ihr Augenmerk vor allem auf die ukrainische Landwirtschaft. Die unvergleichlich fruchtbaren Schwarzerde-Böden, insgesamt 32 Millionen Hektar Ackerland,[161] verlangen geradezu nach Investitionen zur Modernisierung der Landwirtschaft. Boden hat eine enorme Wertsteigerung erfahren wegen der Sicherheit als Kapitalanlage, gesteigert durch die »Flexcrops« mit ihrer vielfältigen Verwertbarkeit als Nahrung, Viehfutter und Treibstoff. Heute schon haben neben mehreren Oligarchen auch einige ausländische Gesellschaften, darunter Pensionsfonds, riesige Flächen in Besitz genommen. Das Oakland Institute geht von schätzungsweise 3,4 Millionen Hektar in den Händen ausländischer Unternehmen und ukrainischer Unternehmen mit ausländischen Fonds

160 Rügemer 2022.

161 Nach anderen Quellen sind es 41 Hektar Land, z. B.: https://www.oaklandinstitute.org/blog/who-really-benefits-creation-land-market-ukraine, abgerufen am 7.12.22.

als Anteilseignern aus.[162] Manche Schätzungen reichten 2021 bis zu sechs Millionen Hektar. 2016 hatten zehn multinationale Agrarkonzerne 2,8 Millionen Hektar Land kontrolliert. 2021 war laut Oakland Institute die Firma Kernel, ein Agrarkonzern in ukrainischer Hand mit Sitz in Luxemburg, der größte Landbesitzer mit 576.000 Hektar. Die Flächen der nächst größten Landeigner, darunter ein amerikanischer Private Equity Fonds und ein saudischer Fonds, reichten von 430.000 Hektar bis zu 120.000 Hektar.

Christina Plank, die sich mit Landgrabbing in der Ukraine befasst hat, schließt an eine Fallschilderung – der Mitarbeiter einer Agrarholding hat sich die Grundstücke von Bauern angeeignet – folgende Erläuterung an: »Die Undurchsichtigkeit offizieller Prozesse, Schattenwirtschaft, vermeintlich unzureichend zertifizierte Dokumente oder Eigentumsrechte sind bezeichnend für die Inanspruchnahme von Land, die mit dem Zerfall der Sowjetunion und der Entstehung des ukrainischen Nationalstaats begann und bis heute andauert... Folgen davon sind Landkonzentrationsprozesse, wodurch heute ca. 30 Prozent Land von den 85 größten vertikal und horizontal integrierten Agroholdings kontrolliert werden.«[163] Nach Selenskyj wurden unter Vorgängerregierungen fünf Millionen Hektar Staatsland illegal privatisiert.[164]

Bis vor kurzem konnten ausländische Fonds und Unternehmen Ackerland lediglich pachten, aber nicht kaufen. Mit dem Gesetz zur »Landreform« vom 1. Juli 2021 machte man einen ersten Schritt zur Schaffung eines Landmarktes, indem man den Kauf und Verkauf von privatem Land im

162 Roberts 2022, vgl. Rügemer 2022; https://www.oaklandinstitute.org/blog/who-really-benefits-creation-land-market-ukraine, abgerufen am 7.12.22.

163 Plank 2022, S. 206.

164 Siehe https://www.oaklandinstitute.org/blog/who-really-benefits-creation-land-market-ukraine, abgerufen am 7.12.22.

 beschränkten Maß erlaubte. Ein Referendum sollte nach dem Gesetz darüber entscheiden, wann diese Beschränkung beseitigt wird, und wann ausländische Investoren freie Hand zum Landkauf erhalten. Präsident Selenskyj soll auf Druck von außen hin das Moratorium 2022 eigenmächtig aufgehoben haben. Klar ist jedenfalls, dass ein Landmarkt das Ziel des internationalen Kapitals und der transnationalen Institutionen ist. Die Landreform von 2021 wurde mit einem IWF-Kredit von fünf Milliarden Dollar belohnt. Ein Programm für Grundbucheintragungen und Landtitel, mit einem Darlehen der Weltbank gefördert, schafft die formalen Voraussetzungen für die Kommerzialisierung des Bodens.[165] Schon 2015 hat außerdem Artikel 404 der EU-Vereinbarung mit der Ukraine den Weg für eine Lockerung der gängigen Zertifizierungspraktiken für gentechnisch verändertes Saatgut frei gemacht und Erleichterungen für die Agroindustrie geschaffen.[166]

In einer Studie des Oakland Institute vom März 2015 konnte man lesen: »Ausländische Unternehmen weiten ihren Einfluss auf den ukrainischen Agrarsektor aus. Biotechnologieunternehmen wie Monsanto, Cargill und DuPont sind in der Ukraine präsent und haben ihre Investitionen in den letzten Jahren erheblich erhöht. Westliche Konzerne haben nicht nur die Kontrolle über bestimmte profitable Agrarbereiche übernommen, sondern mit einer vertikalen Integration des Agrarsektors begonnen.« Das heißt, alle Schritte von der Ernte oder der Aufzucht und Schlachtung von Vieh über die Verarbeitung bis zum Verkauf werden in Regie genommen. Abschließend heißt es: »Alle Aspekte der ukrainischen Agrarlieferkette werden zunehmend von

165 Roberts 2022.
166 Siehe https://fian.at/de/artikel/neue-studie-eu-fordert-land-grabbing-und-landkonze

westlichen Firmen kontrolliert.«[167] Nach Berichten aus 2022 haben inzwischen die Global Player *Cargill*, *DuPont* und *Monsanto* circa 17 Millionen Hektar im Osten und Süden der Ukraine aufgekauft. Anteilseigner an allen drei US-Firmen ist der Vermögensverwalter BlackRock. Cargill ist inzwischen auch Mehrheitsinhaber des Tiefwasserhafens »Neptune« nahe Odessa.[168] Das Kapital ist, wie man sieht, siegesgewiss.

Im Zusammenwirken von IWF, Weltbank, EU-Institutionen und amerikanischen Beratungsfirmen wird man die ukrainische Landwirtschaft so marktgerecht transformieren und profitabel machen wie die Landwirtschaft afrikanischer Länder.[169] Dann werden auch mehr Arbeitskräfte für den europäischen Arbeitsmarkt freigesetzt.

Damit stoßen wir am Schluss auf noch einen Verlierer des hybriden Krieges mit der Russischen Föderation. Das Stichwort liefert »Afrika«. Aber auch sogenannte Schwellenländer wie Indien oder Pakistan, alles unter dem Klammerbegriff »globaler Süden« gefasst, sind Leidtragende der westlichen Sanktions- und Boykottpolitik. Da Europa, speziell die Bundesrepublik, um von Öl und Gas aus Russland unabhängig zu werden, auf fossile Energie aus anderen Weltregionen, vor allem auf LNG, setzt, hat Europa die Nachfrage auf dem Weltmarkt verstärkt und die Preise enorm in die Höhe getrieben. Diese Politik hat »zu einer beispiellosen Jagd nach Flüssiggas geführt«.[170] Als die Kunden mit der stärksten Kaufkraft haben die europäischen Staaten die größte Marktmacht. Die ärmeren Länder gehen leer aus. Dazu kommt, dass sich die gegen

167 Siehe https://www.zois-berlin.de/publikationen/zois-spotlight/2019/der-verkauf-von-agrarland-in-der-ukraine

168 Siehe https://test.rtde.tech/international/144935-sklaverei-ist-freiheit-monsanto-und, abgerufen am 7.12.22.

169 Dazu: Auernheimer 2018.

170 Jörg Kronauer: *Weltweiter Schaden*. In: *junge Welt* v. 23.11.22, S. 12/13.

 Russland verhängten Sanktionen indirekt schädlich auswirken, weil der Ausschluss aus dem Zahlungssystem SWIFT und die Sanktionen gegen Banken den Warenverkehr erschweren und damit Güter wie Treibstoffe, Weizen und Mais verknappen und verteuern. Die Preisdeckelung für russisches Öl und Gas, die man sich jetzt noch ausgedacht hat, wird die Situation noch mehr verschärfen, weil sich Russland nicht erpressen lassen wird. Also wird die für viele Branchen nach wie vor unverzichtbare Energie noch mehr verknappt, zumal auch Sanktionen für jene vorgesehen sind, die mit dem Transport von russischen Energierohstoffen die Sanktionen brechen.

Größter Verlierer dieses Krieges wird die Erde und damit die ganze Menschheit sein, weil die Erde zunehmend unbewohnbar wird. Schon unmittelbar durch diesen Krieg nimmt wie mit jedem Krieg die Emission von Treibhausgasen enorm zu. Aber noch weit folgenreicher ist, dass mit diesem Krieg die Welt wieder in feindliche Lager gespalten wurde. Dabei wäre für die Rettung des Planeten internationale Kooperation unverzichtbar. Ob dieses kapitalistische System, dessen Wirtschaftslogik Nachhaltigkeit ausschließt, noch rechtzeitig transformiert werden kann, das steht auf einem anderen Blatt. Die Weltklimakonferenzen erweisen sich als ein enttäuschendes Gefeilsche um Emissionsrechte und Entschädigungszahlungen. Vorläufig steht verstärkte militärische Aufrüstung auf der Agenda, »klimaneutral« selbstverständlich. Die Spaltung in feindliche Lager kann man nicht einfach Putin anlasten, wie in unseren Medien üblich. Deutsche Politikerinnen und Politiker haben viel zur »Zeitenwende« beigetragen. Wer sich wie Annalena Baerbock, die höchste Diplomatin der Bundesrepublik, dazu versteigt, Russland des »Zivilisationsbruchs« zu beschuldigen, bricht die Brücken der Verständigung ab. Und wer gar wie die ehemalige Bundeskanzlerin Angela Merkel im *Zeit*-Interview vom Dezember 2022 (siehe oben) dem Verhandlungspartner nachträglich erklärt, die gemeinsamen Vereinbarungen seien nicht ernst gemeint gewesen, der zerstört die Vertrauensbasis für künftige Abmachungen, hier für die politische Verständigung zwischen der transatlantischen Allianz und der Russischen Föderation[171] und vielleicht sogar zwischen dem »Westen« und China.

171 Putins verständliche Reaktion am 9.12.22 auf der Pressekonferenz in Bischkek/Kirgisistan zeigt das deutlich.

- **Anderson, Benedict** (1993): *Die Erfindung der Nation. Zur Karriere eines folgenreichen Konzepts.* 2. Aufl. Frankfurt/M. u. New York: Campus Verlag.
- **Assmann, Jan** (1988): *Kollektives Gedächtnis und kulturelle Identität.* In: Assmann, J./Hölscher, T. (Hrsg.): *Kultur und Gedächtnis.* Frankfurt/M.: Suhrkamp, S. 9–19.
- **Auernheimer, Georg** (2018): *Wie Flüchtlinge gemacht werden. Über Fluchtursachen und Fluchtverursacher.* Köln: PapyRossa.
- **Bauer, Otto** (1907/1975): *Die Nationalitätenfrage und die Sozialdemokratie.* In: Werkausgabe Bd. 1. Wien.
- **Burns, William J.** (2019): *The Back Channel. A memoir of American diplomacy and the case for its renewal.* First Edition. Ebook, New York: Random House.
- **Clark, Ramsey** (1993): *Wüstensturm. US-Kriegsverbrechen am Golf.* Göttingen: Lamuv.
- **Eichner, Klaus** (2022): *Bis alles in Scherben fällt. Der Kampf der USA um eine neue Weltordnung.* Berlin: Edition Ost.
- **Eipeldauer, Thomas**. *Euromaidan. Vom Sozialprotest zur Hegemonie der äußersten Rechten.* In: Thoden/Schiffer (Hrsg.), S. 121–131.
- **Elias, Norbert** (1989): *Studien über die Deutschen. Machtkämpfe und Habitusentwicklung im 19. und 20. Jahrhundert.* Frankfurt/M.: Suhrkamp.
- **Endeweld, Marc** (2022): *Umkämpfte Reaktoren. Die Konkurrenz um den ukrainischen Atomsektor begann lange vor der russischen Invasion.* In: *LMd* Oktober 22, S. 6.
- **Fischer, Sabine** (2019): *Der Donbas-Konflikt. Widerstreitende Narrative und Interessen, schwieriger Friedensprozess.* SWP-Studie 2019/S03, 8.2.2019, swpberlin.org.
- **Gehrcke, Wolfgang/Reymann, Christiane (Hrsg.)** (2022): *Ein willkommener Krieg? NATO, Russland und die Ukraine.* Köln: PapyRossa.
- **Gehrcke, Wolfgang/Reymann, Christiane** (2022): *Deutschland zeitengewendet. Dies ist nicht mehr unser Land.* In: Gehrcke/Reymann (Hrsg.), S. 12–32.

- **Golub, Philip S.** (2001): *Ein Kabinett des Kalten Kriegs.* In: *LMd* v. 13.07.2001, https://monde-diplomatique.de/artikel/!1162538#fn7, Zugriff am 11.11.22 .
- **Hall, Stuart** (1994): *Rassismus und kulturelle Identität. Ausgewählte Schriften 2.* Hamburg: Argument Verlag.
- **Henken, Lühr** (2022): *Warum geht Russland das große Risiko eines Ukraine-Krieges ein?* In: Gehrcke/Reymann (Hrsg.), S. 108–120.
- **Heyden, Ulrich** (2022): *Der längste Krieg in Europa seit 1945.* Hamburg: tredition.
- **Hofbauer, Hannes** (2022): *Seit Generationen im Wirtschaftskrieg. Russland unter westlichen Sanktionen.* In: *lunapark21*, H. 59/60, S. 54–57.
- **Hofbauer, Hannes** (2014a): *Die Diktatur des Kapitals. Souveränitätsverlust im postdemokratischen Zeitalter.* Wien: Promedia.
- **Hofbauer, Hannes** (2014b): *Die Krise hinter dem Krieg. Von Armut, sozialen Gegensätzen und vermeintlichen Auswegen.* In: Thoden/Schiffer (Hrsg.), S. 42–55.
- **Kebir, Sabine** (2022): *Unabhängig? Die Informationslage zum Krieg in der Ukraine.* In: *Z. Zeitschrift für marxistische Erneuerung* Nr. 131, S. 52–63.
- **Kronauer, Jörg** (2022): *Der Aufmarsch. Vorgeschichte zum Krieg. Russland, China und der Westen.* Köln: PapyRossa.
- **Li, Minqi** (2022): *Der Zusammenbruch der US-Hegemonie. Eine Analyse der geopolitischen Herausforderungen.* In: *Luxemburg 2/22*, https://zeitschrift-luxemburg.de/artikel/zusammenbruch-der-us-hegemonie, Zugriff am 15.11.22.
- **Plank, Christina** (2022): *Landgrabbing in der Ukraine.* In: *Handbuch Politische Ökologie.* Bielefeld: transkript Verlag.
- **Mahlke, Stefan / Buitenhuis, Adolf (Hrsg.)** (2022): *Atlas der Globalisierung*, Berlin: Le Monde diplomatique.
- **Plokhy, Serhii** (2022): *Das Tor Europas. Die Geschichte der Ukraine.* Hamburg: Hoffmann & Campe.
- **Rimbert, Pierre** (2022): *Kiews falsche Freunde.* In: *LMd* Oktober 22, S. 4.
- **Roberts, Michael** (2022): *Die Invasion des Kapitals.* https://www.marx21.de/ukraine-die-invasion-des-kapitals/?utm_source=rss&utm_medium=rss&utm_campaign=ukraine-die-invasion-des-kapitals (19.9.22).

– **Rude, Matthias** (2014): *Die gekaufte Revolution. Einflussnahme von Geheimdiensten, NGOs und Stiftungen.* In: Thoden/Schiffer (Hrsg.), S. 108–120.
– **Rügemer, Werner** (2022): *»Unsere europäischen Werte«: 1,21 Euro Mindestlohn in der Ukraine.* Nachdenkseiten v. 21.07.2022.
– **Salomon, David** (2022): *Selenskyis T-Shirt oder Die Ästhetisierung des Krieges.* In: *Z. Zeitschrift für marxistische Erneuerung* Nr. 131, S. 73–84.
– **Scholochow, Michail** (1928): *Der stille Don, zweiter Band.* Bertelsmann Lesering o. J.
– **Sieker, Ekkehard** (2022): *Der Kampf um die Köpfe für den Krieg.* In: Gehrcke/Reymann (Hrsg.), S. 33–49.
– **Stiglitz, Joseph** (1999): *Quis Custodiet Ipsos Custodes?* In: Challenge 42, 6. S. 26–67.
– **Stone, Oliver** (2018): *Die Putin-Interviews. Die vollständigen Abschriften.* Rottenburg: Kopp Verlag.
– **Thoden, Ronald/Schiffer, Sabine (Hrsg.)** (2014): *Ukraine im Visier. Russlands Nachbar als Zielscheibe geostrategischer Interessen.* Frankfurt/M.: Selbrund Verlag.
– **Wagner, Jürgen** (2014): *Der lange Arm der EU. Assoziationsabkommen und Expansionspolitik.* In: Thoden/Schiffer (Hrsg.), S. 56–70.
– **Wahl, Peter** (2022): *Der Ukraine-Krieg und seine geopolitischen Hintergründe.* Attac, AG Globalisierung & Krieg, Hintergrundpapier Nr. 1.
– **Wellersdorf, Dieter (Hrsg.)** (1993): *Herausforderungen und Risiken. Deutschlands Sicherheit in der veränderten Welt.* Berlin/Bonn/Herford: E. S. Mittler.
– **Wiegel, Gerd** (2022): *Geschichtspolitische Frontbegradigung. In: Z. Zeitschrift für marxistische Erneuerung* Nr. 131, S. 64–72.
– **Wodin, Natascha** (2018): *Sie kam aus Mariupol.* Hamburg: Rowohlt Verlag.
– **Zinn, Karl Georg** (2015): *Vom Kapitalismus ohne Wachstum zur Marktwirtschaft ohne Kapitalismus.* Hamburg: VSA.

Für sämtliche Eigennamen, für die es sowohl eine russische als auch eine ukrainische Schreibweise gibt, wurde die deutsche Transliteration aus dem Russischen gewählt. Allgemein wurde die Transliteration von Namen vereinheitlicht. Das betrifft auch Zitate, sofern es nicht gesondert in den Fußnoten vermerkt ist.